James Hoover

MARCOS

SÍGUEME

20 ESTUDIOS PARA INDIVIDUOS O GRUPOS

Traducido por Jesús Escudero Nava

InterVarsity Press
P.O. Box 1400 | Downers Grove, IL 60515-1426
ivpress.com | email@ivpress.com

Traducción: Jesús Escudero Nava

InterVarsity Press® es la división editorial de InterVarsity Christian Fellowship/USA®. Para más información, visita intervarsity.org.

Diseño de la portada: Faceout Studio, Addie Lutzo
Diseño del interior: Daniel van Loon
Imagen: © Brian Handy / 500px via Getty Images

ISBN 978-1-5140-1380-9 (físico) | ISBN 978-1-5140-1381-6 (digital)

Impreso en los Estados Unidos de América ♾

Library of Congress Cataloging-in-Publication Data
Un récord de catalogo para este libro está disponible de parte de la Biblioteca del Congreso.

32 31 30 29 28 27 26 25 | 13 12 11 10 9 8 7 6 5 4 3 2 1

CONTENIDO

CÓMO SACAR EL MÁXIMO PROVECHO DE *MARCOS*

Son pocos los occidentales que dan mucha importancia al tema de la realeza. La trayectoria de la realeza británica se ha convertido en fuente de chismes más que de respeto. Hemos sido educados para atesorar el espíritu de la democracia. Pero la democracia, al menos a gran escala, es un acontecimiento reciente en la historia de la humanidad.

En otras épocas, la gente estaba acostumbrada a los reyes. Para bien o para mal, los reyes y los emperadores dejaban su huella en la vida cotidiana. Así, cuando un nuevo rey llegaba al poder, ya fuese por sucesión natural o por derrota en batalla, las preguntas surgían en la mente de la gente. ¿Cómo será el nuevo rey? ¿Realmente será bondadoso y compasivo, o egoísta y despiadado? ¿Utilizará su poder para servir a sus propios fines, o buscará el bienestar de todos sus súbditos?

Los judíos de la época de Jesús, oprimidos durante mucho tiempo por gobernantes extranjeros, anhelaban un nuevo rey, uno a quien Dios mismo ungiría y utilizaría para establecer su propio gobierno de justicia y paz no solo sobre Israel sino sobre toda la tierra. Imagina el entusiasmo entonces cuando vino Juan el Bautista proclamando la venida del Señor como rey y cuando el propio Jesús anunció: «Ha llegado el momento. El reino de Dios está cerca». Sin embargo, a medida que Jesús continuaba su ministerio, se encontró con una creciente ola de oposición. No a todo el mundo le agradaba el tipo de reino que anunciaba ni quién proclamaba ser. Los gobernantes religiosos se le opusieron especialmente, pero la gente común lo escuchaba con agrado.

SÓLO LOS HECHOS

Los eruditos del Nuevo Testamento, con pocas excepciones, coinciden en que el Evangelio de Marcos es el relato escrito más antiguo de la vida y el ministerio de Jesús. Compuesto entre 60 y 70 d.C., probablemente sirvió como base literaria para los evangelios de Mateo y Lucas. El propio Marcos, aunque no era uno de los doce, fue probablemente uno de los primeros conversos (Hechos 12:12) y compañero tanto de Pedro (1 Pedro 5:13) como de Pablo. Aunque Marcos tuvo una discusión temprana con Pablo (Hechos 15:36-41), ambos se reconciliaron claramente más tarde (Colosenses 4:10; 2 Timoteo 4:11; Filemón 24). Así pues, Marcos está ligado a dos de los apóstoles más destacados.

El amplio consenso entre los eruditos en la actualidad es que Marcos no fue sólo un recopilador de relatos sobre Jesús, sino que moldeó y dio forma a estos relatos para crear la forma literaria que reconocemos como un Evangelio. En este texto escrito encontramos el primer relato de cómo las promesas de Dios en Isaías sobre establecer su reino se hacen realidad a través de la vida y las enseñanzas de Jesús, el Mesías. Las inquietudes pastorales parecen ser lo más importante en la mente de Marcos. Ralph Martin y otros han argumentado que Marcos escribió para contrarrestar algunas distorsiones peligrosas del mensaje evangélico.* Al parecer, algunos cristianos se centraron tanto en la deidad y la gloriosa resurrección de Jesús que empezaron a ignorar su humanidad y su sufrimiento. Como resultado, esperaban librarse del dolor en esta vida y reunirse rápidamente con Jesús en la gloria del cielo. Pueden imaginar cómo se tambaleó su fe cuando ¡Nerón utilizó a algunos de ellos como antorchas!

Marcos, teológica y pastoralmente, se propone volver a contar la historia de Jesús, mostrando que el reino en su gloria llega al final del camino del sufrimiento y el servicio. Mientras que Mateo se enfoca en Jesús como el maestro del que debemos aprender (Mateo 11:29; 28:20) y Juan se enfoca en él como el Hijo de Dios en quien debemos creer (Juan 20:31), Marcos presenta a Jesús principalmente como el rey-siervo al que debemos seguir (Marcos 1:17). Así pues, si deseamos disfrutar de la gloria del reino, también nosotros debemos seguir el camino del sufrimiento y el servicio.

Esta guía te brinda la oportunidad de conocer más sobre Jesús y la vida a la que nos llama, a través de la mirada de Marcos. Se compone de veinte estudios de cuarenta y cinco minutos, con la opción de dos

---

*Véase Ralph Martin, *Mark: Evangelist and Theologian* (Grand Rapids, Mich.: Zondervan, 1973). Véase también, R. A. Guelich, «Mark, Gospel of», en *Dictionary of Jesus and the Gospels*, ed. Joel B. Green, Scot McKnight y I. Howard Marshall (Downers Grove, Ill.: InterVarsity Press, 1992), pp. 512-25.

estudios de repaso (uno tras el estudio nueve y otro tras el estudio veinte) que relacionan los temas principales. Los estudios se han dividido en dos partes, nueve estudios en el primero y once en el segundo, para que se pueda estudiar fácilmente todo el Evangelio en dos trimestres. Aunque estos estudios fueron diseñados principalmente para creyentes, con pequeños ajustes se han utilizado con éxito en grupos mixtos de creyentes y personas que están comenzando en la fe.

Que sea el Señor mismo quien aumente tu comprensión de quién es él y de la vida a la que te ha llamado.

SUGERENCIAS PARA EL ESTUDIO INDIVIDUAL

1. Al iniciar cada estudio, ora para que Dios te hable a través de su Palabra.

2. Lee la introducción del estudio y responde a la pregunta o ejercicio de reflexión personal. Esto te ayudará a centrarte en Dios y en el tema del estudio.

3. Cada estudio se centra en un pasaje específico, permitiendo profundizar en el significado que el autor pretende dentro de su contexto. Lee y relee el pasaje a estudiar. Si estás estudiando un libro, te resultará útil leerlo en su totalidad antes del primer estudio. Las preguntas están redactadas utilizando el lenguaje de la Nueva Versión Internacional, por lo que te recomendamos que utilices dicha versión de la Biblia.

4. Se trata de un estudio bíblico inductivo, diseñado para ayudarte a descubrir por ti mismo lo que dicen las Escrituras. El estudio incluye tres tipos de preguntas. Las preguntas de observación indagan sobre los hechos básicos: quién, qué, cuándo, dónde y cómo. Las preguntas de interpretación profundizan en el significado del pasaje. Las preguntas de aplicación ayudan a descubrir las implicaciones del texto para crecer en Cristo. Estas tres claves abren los tesoros de las Escrituras.

Escribe tus respuestas a las preguntas en los espacios proporcionados o en un diario personal. Escribir puede aportar claridad y una comprensión más profunda de ti mismo y de la Palabra de Dios.

5. Puede ser bueno tener a la mano un diccionario bíblico. Utilízalo para buscar cualquier palabra, nombre o lugar que no te resulte familiar.

6. Utiliza la sugerencia de oración como guía para dar gracias a Dios por lo que has aprendido y para orar sobre las aplicaciones que te hayan venido a la mente.

7. Puede que desees pasar a la sugerencia del apartado «Ahora o después», o puede que desees utilizar esa idea para el próximo estudio.

SUGERENCIAS PARA LOS MIEMBROS DE UN GRUPO DE ESTUDIO

1. Asiste al estudio debidamente preparado. Sigue las sugerencias para el estudio individual mencionadas anteriormente. Comprobarás que una buena preparación enriquecerá enormemente el tiempo dedicado a la discusión en grupo.

2. Debes estar dispuesto a participar en la discusión. El líder de tu grupo no estará dando lecciones. Al contrario, animará a los miembros del grupo a discutir lo que han aprendido. El líder formulará las preguntas que se encuentran en esta guía.

3. Apégate al argumento que se está discutiendo. Tus respuestas deben basarse en los versículos que son el centro de la discusión y no en autoridades externas como comentarios u oradores. Estos debates se centran en un pasaje concreto de las Escrituras. Solo en algunas ocasiones deberás referirte a otras porciones de la Biblia. Esto permitirá que todos participen en el estudio en profundidad y en igualdad de condiciones.

4. Sé receptivo con los demás miembros del grupo. Escucha con atención cuando describan lo que han aprendido. Es posible que te sorprendan sus apreciaciones. Cada pregunta supone una variedad de respuestas. Muchas preguntas no tienen respuestas «correctas», sobre todo las que apuntan al significado o la aplicación. En su lugar, las preguntas nos empujan a explorar el pasaje más a fondo.

Cuando sea posible, relaciona tus comentarios con los comentarios de los demás. Asimismo, sé positivo siempre que puedas. Esto animará a participar a algunos de los miembros más titubeantes del grupo.

5. Ten cuidado de no controlar la discusión. En ocasiones estamos tan ansiosos por expresar nuestros pensamientos que dejamos muy pocas oportunidades para que los demás respondan. Por supuesto, ¡participa! Pero permite que los demás también lo hagan.

6. Espera que Dios te enseñe a través del pasaje que se está discutiendo y a través de los demás miembros del grupo. Ora para que pasen juntos un rato agradable y fructífero, pero también para que, como resultado del estudio, encuentren formas de actuar individualmente y/o en grupo.

7. Recuerda que todo lo que se diga en el grupo se considera confidencial y no debe comentarse fuera del mismo, a menos que se dé permiso específico para ello.

8. Si eres es el líder del grupo, encontrarás sugerencias adicionales al final de la guía.

UNO

LAS RAÍCES DEL EVANGELIO

Marcos 1:1-13

CONOCER NUESTROS ORÍGENES FAMILIARES nos ayuda a comprender mejor quiénes somos, y compartir historias sobre la familia suele ser una forma estupenda de conocer a otras personas.

Discusión en grupo. Piensa en una historia, una imagen o un objeto de tu familia que te vincule a generaciones pasadas. Explica al grupo qué significa para ti ese vínculo con la historia.

Reflexión personal. Piensa en personas, acontecimientos y lugares importantes en tu desarrollo espiritual. ¿Cómo te han formado? Da gracias a Dios por cómo ha obrado en tu vida hasta ahora.

Marcos comienza su evangelio fundamentándolo en las promesas y acciones de Dios en el pasado. También introduce algunos temas importantes que se desarrollarán a lo largo del resto del libro. *Lee Marcos 1:1-13.*

1. ¿Qué revela el versículo 1 sobre la perspectiva que el propio Marcos tiene de los acontecimientos que va a describir?

2. Los versículos 2 y 3 combinan citas de Malaquías e Isaías sobre la preparación del camino para la venida de un rey. Reuniendo las pruebas de todo el pasaje, determina quién envía a su mensajero (el «yo» del v. 2).

¿Quién es el rey que viene, según Marcos?

¿Quién es el mensajero?

3. ¿Cómo crees que sería conocer a Juan?

4. ¿De qué manera el ministerio de Juan prepara el camino para Jesús?

5. Malaquías 4:5 describe a este mensajero como alguien que tiene un ministerio como el del profeta Elías. En 2 Reyes 1:8 se describe a Elías como un hombre con «un manto de piel y tenía un cinturón de cuero atado a la cintura». ¿Por qué crees que Marcos incluye los detalles particulares sobre la apariencia de Juan (v. 6)?

6. Malaquías escribió más de 400 años antes de la venida de Jesús, e Isaías escribió casi 400 años antes que Malaquías. ¿Qué diferencia supone para ti que el evangelio (las buenas nuevas) esté tan profundamente arraigado en la historia?

7. ¿Qué nos sugiere la respuesta de la multitud al mensaje de Juan sobre su estado de necesidad?

8. ¿Cómo enfatiza Juan la grandeza del que vendrá después de él (vv. 7-8)?

9. A pesar de su grandeza, Jesús acudió a Juan para que le bautizara. ¿Qué nos dice esto sobre la relación de Jesús con nosotros?

10. ¿De qué manera los acontecimientos que rodean el bautismo de Jesús lo preparan para su tentación en el desierto?

11. Muchos de los lectores de Marcos en Roma se enfrentaban a fieras en la arena bajo las persecuciones de Nerón. ¿Cómo crees que respondieron a la descripción que hace Marcos de la tentación de Jesús (vv. 12-13)?

12. ¿Qué estímulo encuentras aquí para afrontar tus propias tentaciones?

Pide a Dios que te ayude a encontrar la fuerza y el ánimo necesarios para enfrentarte a la tentación. Pide que te prepare mejor para la venida del Rey mientras estudias el Evangelio de Marcos.

AHORA O DESPUÉS

Lee atentamente Malaquías 3 y 4 como trasfondo del ministerio de Juan y Jesús. ¿Qué paralelismos puedes encontrar?

Haz un estudio de 1 Reyes 17–2 Reyes 2 para ver en qué se parece el ministerio de Juan al de Elías.

Al continuar tu estudio, pregúntate cómo ha preparado Marcos hasta ahora el escenario para lo que está por venir.

RETRATOS DE JESÚS

Marcos 1:14-39

TODOS NOS RELACIONAMOS CON LA AUTORIDAD, ya sean supervisores, profesores, padres o policías. Y dependiendo de cómo se ejerza dicha autoridad, o bien nos sentimos presionados, atrapados y utilizados, o nos sentimos seguros, libres y útiles.

Discusión en grupo. Piensa en las personas que tienen autoridad sobre tu vida: tus padres, jefe, profesores, el gobierno. ¿Tu respuesta a su autoridad suele ser positiva o negativa? Explica por qué.

Reflexión personal. ¿Cómo respondes a la autoridad de Dios en tu vida: con un temor indiferente, con una sumisión a regañadientes o con una obediencia gozosa? ¿Cómo podría una mejor comprensión de la autoridad de Jesús conducirte a una mayor alegría?

En 1:1-13 Marcos nos ha dicho que Jesús ha venido como rey para cumplir los anhelos del Antiguo Testamento de que el Señor gobierne sobre toda la tierra. Pero, ¿qué clase de rey es? Marcos, al parecer, sabe que una imagen vale más que mil palabras. Por eso, en lugar de ofrecer un análisis abstracto del carácter, pinta cuatro retratos verbales de Jesús en acción. *Lee Marcos 1:14-39.*

1. ¿Qué tienen en común estos cuatro retratos verbales (16-20, 21-28, 29-34, 35-39)?

2. A menudo pensamos en el evangelio únicamente como un mensaje sobre el perdón de los pecados. ¿Cuál es la buena noticia tal y como la proclama Jesús en los versículos 14-15?

3. ¿Qué factores contribuyeron a la pronta respuesta de Simón y Andrés, Santiago y Juan a la invitación de Jesús (vv. 16-20)? (¡No olvides 1:1-13!)

4. ¿Cómo resume la orden de Jesús «sígueme» la esencia del discipulado?

5. En el Sabbat, Jesús va a la sinagoga (vv. 21-28). Visualízate allí y describe lo que sucede y cómo responde la gente.

6. ¿Cuáles podrían ser algunas de las razones por las que Jesús hace callar al demonio para que no proclame quién es?

7. ¿Qué impresión te deja de Jesús el relato de su visita a la casa de Simón y Andrés (vv. 29-34)?

8. ¿Cómo se relacionan los tres cuadros de la obra de Jesús que hemos visto con su declaración en el versículo 15?

9. ¿En qué se diferencia Jesús en el ejercicio de su autoridad de los reyes, los dictadores y otras autoridades humanas?

10. ¿Qué diferencias prácticas puede suponer saber esto en tu propia respuesta a la autoridad de Jesús?

11. La tranquilidad y la soledad de los versículos 35-39 contrastan bastante con los acontecimientos anteriores. ¿Qué revelan estos versículos sobre las prioridades de Jesús?

12. ¿Qué pasos debes dar para que tus prioridades coincidan más con las de él?

Pide a Dios que abra tus ojos a su autoridad como siervo y que te conceda la alegría de alinear más tus prioridades con las suyas.

AHORA O DESPUÉS

Jesús claramente sintió la presión de necesidades conflictivas. Sin embargo, en conversación con su Padre aprendió a establecer prioridades. Dedica algún tiempo a planificar un horario que te permita encontrarte regularmente con Dios en un «lugar solitario».

TRES

AMIGO DE LOS MARGINADOS

Marcos 1:40–2:17

«¡INMUNDO! IMPURO!» GRITÓ EL HOMBRE, y todo el mundo se dispersó para evitar el contacto con el leproso; todos menos Jesús. En la actualidad no vemos muchos leprosos; hoy día éstos vienen en diferentes formas y tamaños.

Discusión en grupo. Pide a todos los miembros del grupo que escriban en un trozo de papel algún tipo de persona de nuestra sociedad con la que se sientan incómodos. Elige al azar uno de los papeles y pide a algunos voluntarios que representen un encuentro fortuito entre este tipo de persona y un grupo de cristianos.

Reflexión personal. Piensa en alguien en los últimos días o semanas que te haya incomodado. Intenta identificar por qué.

La sabiduría religiosa de la época de Jesús exigía que un hombre santo se mantuviera alejado de diversos marginados sociales, los «pecadores». Así que Jesús estaba destinado a encontrar resistencia al recibirlos abiertamente. Este pasaje se centra en su compasión hacia los que habitualmente evitamos. *Lee Marcos 1:40-2:17,* observando cómo el ritmo se ralentiza a partir de 1:1-39.

1. Al leer el pasaje, ¿cuáles parecen ser las principales causas de la resistencia a la que se enfrenta Jesús?

2. Levítico 13:45-46 afirma que un leproso «usará ropas rasgadas y no se peinará; con el rostro semicubierto irá gritando: "¡Impuro! ¡Impuro!", y será impuro todo el tiempo que le dure la enfermedad. Es impuro, así que deberá vivir aislado y fuera del campamento.» Imagínate en su lugar. ¿Cómo te afectaría esta enfermedad psicológica, religiosa y socialmente?

3. ¿Qué riesgos corrió el leproso al acudir a Jesús (1:40-45)?

4. ¿Qué riesgos asumió Jesús al responderle de la forma en que lo hizo?

5. ¿Cómo responde Jesús a la necesidad integral del hombre?

6. Imagina que eres el paralítico que fue descendido ante Jesús (2:1-12). ¿Cómo te sientes, especialmente cuando Jesús te dice: «¡Hijo, tus pecados quedan perdonados!»?

7. ¿De qué manera la curación del paralítico por parte de Jesús responde a las preguntas que tenían en mente los maestros de la ley?

8. Los amigos del paralítico ofrecen un modelo de cuidado. ¿Cuáles son algunas formas prácticas en las que podemos seguir su ejemplo?

9. Contrasta la actitud de los fariseos hacia los recaudadores de impuestos y los «pecadores» con la actitud de Jesús.

10. En su respuesta a la denuncia de los fariseos por el hecho de que comía con pecadores y recaudadores de impuestos, Jesús se compara específicamente con un médico (2:17). ¿Cómo ha actuado como médico a lo largo de este pasaje?

11. ¿En qué se parece el pecado a la enfermedad, especialmente a la lepra y a la parálisis?

12. Jesús vino anunciando el reino y llamando a la gente a seguirlo. ¿Qué cambio tendría que producirse en estos fariseos para que pudieran responder al llamado de Jesús?

13. Por el bien del reino de Dios, ¿qué pasos puedes dar para llegar a los «no amados» o «inalcanzables» de hoy?

Ora para que Dios te dé ojos para ver a los demás como él los ve y para actuar con ellos como él lo hace.

AHORA O DESPUÉS

Piensa en un grupo de personas «inalcanzables» o «despreciables» a las que tu iglesia o grupo pequeño podría llegar. Elabora un plan para atenderlos como personas completas: con necesidades físicas, sociales y psicológicas, además de religiosas. Pon el plan en marcha.

CUATRO

CONFLICTO EN GALILEA

Marcos 2:18–3:35

«**Un cristiano verdadero no haría eso**». «¡La religión está bien, pero tú te estás convirtiendo en un fanático!»

Estas acusaciones suelen dirigirse a los cristianos. Son difíciles de soportar en cualquier circunstancia. Pero cuando proceden de familiares y amigos, el dolor es aún mayor.

Discusión en grupo. ¿Qué tipos de oposición has encontrado como cristiano? ¿Cómo te ha hecho sentir?

Reflexión personal. ¿Cuál es la oposición más dolorosa que has encontrado por seguir a Cristo? Ofrece tu dolor a Jesús para que lo sane.

En el estudio anterior vimos el inicio de la oposición a Jesús y a su ministerio. Ahora esa oposición cobra fuerza, por parte de los fariseos e incluso de la propia familia de Jesús. Este pasaje examina algunas de las presiones y privilegios de seguir a Jesús. *Lee Marcos 2:18–3:35.*

1. ¿Por qué motivos se critica a Jesús y a sus discípulos en 2:18–3:6?

2. En 2:19-22, ¿cómo explica Jesús el hecho de que sus discípulos no ayunan?

3. Si hubieras estado allí, ¿cómo habrías visto las diferencias entre la actitud de Jesús y la de los fariseos hacia el Sabbat?

4. ¿De qué manera los comentarios de Jesús en los versículos 27-28 reprueban tanto una visión demasiado rígida como demasiado laxa del Sabbat?

5. ¿Qué hay de irónico en la reacción de los fariseos ante el acto de sanar de Jesús en el Sabbat (3:1-6)?

6. Los fariseos objetaron lo que Jesús y sus discípulos hicieron y dejaron de hacer. ¿Qué oposiciones podría tener la gente hoy en día hacia lo que hacemos o dejamos de hacer como cristianos?

¿Cómo pueden las respuestas de Jesús a la oposición ser un modelo para nuestras propias respuestas?

7. Mientras los fariseos y los herodianos conspiran para matar a Jesús, ¿cómo le responde la multitud (3:7-12)?

8. ¿Qué acusación presentan los maestros de la ley contra Jesús (3:22) y cómo la refuta Jesús (3:23-29)?

9. Jesús advierte a los maestros de la ley sobre blasfemar contra el Espíritu Santo. ¿Cómo se acercaban al borde de una ceguera total e imperdonable ante la verdad?

10. La madre y los hermanos de Jesús vienen a buscarlo porque creen que ha perdido el juicio (3:21, 31-32). ¿Cómo crees que esto hizo sentir a Jesús?

11. Cuando nos oponemos o somos rechazados por las personas más cercanas a nosotros, ¿qué consuelo podemos recibir de las palabras de Jesús en los versículos 33-35?

12. Si aprendemos a vernos como parte de la familia de Dios, en lugar de como meros esclavos o súbditos suyos, ¿cómo podría eso transformar nuestra actitud hacia sus mandamientos?

Ofrece oraciones de fortaleza y comprensión ante la oposición. Da gracias por formar parte de la familia de Dios.

AHORA O DESPUÉS

Vuelve a mirar el llamamiento original de Jesús a los pescadores en Marcos 1:17. ¿Cómo encajan sus planes para los doce apóstoles en 3:14-15 con su llamamiento original?

¿Qué clase de rey ha demostrado ser Jesús hasta ahora en el Evangelio de Marcos?

¿Qué te atrae de él?

CINCO

PARÁBOLAS DEL REINO

Marcos 4:1-34

Algunas historias llevan su mensaje a flor de piel, por así decirlo. Otras, tomando prestada la definición de parábola de P. G. Wodehouse, se guardan algo bajo la manga «que aparece de repente y nos deja boquiabiertos».

Discusión en grupo. Mark Twain dijo una vez: «Lo que me molesta no son las partes de la Biblia que no entiendo, sino las que sí entiendo». ¿Qué partes de la Biblia te molestan más: las que entiendes o las que no? ¿Por qué?

Reflexión personal. ¿Qué barreras en tu vida te dificultan escuchar la voz de Jesús? Pídele que te ayude a afrontarlas y superarlas.

Entre las historias de Jesús encontramos una gran variedad: desde las que son sencillas de entender hasta las que son tan difíciles que nos invitan a pensar y reflexionar una y otra vez. Los relatos de este pasaje contienen información vital sobre el reino de Dios y sus súbditos, ¡para quienes tengan oídos para oír! *Lee Marcos 4:1-20,* prestando especial atención a las palabras y frases que se repiten.

1. ¿Qué idea o ideas parecen dominar los versículos 1-20?

2. Jesús explica la parábola del sembrador (vv. 3-8) en los versículos 14-20. Pon esta explicación en tus propias palabras, describiendo a partir de tu experiencia ejemplos de cada tipo de combinación tierra-semilla.

3. Los versículos 11-12 han molestado durante mucho tiempo a muchos lectores. El problema es que parece que Jesús está diciendo que cuenta parábolas para evitar que la gente busque el perdón. Por el contexto, ¿qué parece más probable: que el versículo 12 exprese la *razón* por la que Jesús habla en parábolas o simplemente *lo que sucede* cuando lo hace? Explica tu respuesta.

4. Observa que Jesús explica la parábola de las semillas a los discípulos (vv. 10-12). ¿Qué es lo que hicieron para obtener una explicación que los demás no obtuvieron?

5. ¿Qué significa la disposición a preguntar sobre la disposición a escuchar?

6. Entonces, ¿sobre qué base se incluye o se excluye a la gente del secreto del reino?

7. ¿Cuál es el secreto del reino? Asegúrate de exponer tu argumento a partir de las pruebas del pasaje.

8. ¿De qué manera la respuesta que obtiene Jesús al contar la parábola del sembrador ilustra el punto que está planteando?

9. ¿Qué tipo de tierra consideras que eres?

¿Qué puedes hacer para convertirte en la clase de tierra que busca Jesús?

10. El agricultor no estaba siendo insensato al sembrar la semilla donde lo hizo. Estaba siguiendo la práctica habitual del día: sembrar y luego arar. Solo con el paso del tiempo cada tipo de suelo se reveló como lo que era. ¿Qué estímulo te da esto para «sembrar ampliamente» al compartir las buenas nuevas del reino con los demás?

11. ¿Qué oportunidades de sembrar tendrás esta semana?

Pide a Dios que haga de ti la clase de tierra que sirve a su reino.

AHORA O DESPUÉS

12. *Lee Marcos 4:21-34.* ¿Cómo ayudan los versículos 21-25 a explicar los versículos 11-12?

13. ¿Qué ideas sobre el crecimiento del reino nos ofrecen las parábolas de la semilla que crece y del grano de mostaza (vv. 26-34)?

14. En este pasaje vemos a Jesús tanto difundiendo el mensaje del reino como enseñando sobre cómo crece el reino. ¿Qué lecciones podemos aprender sobre la evangelización tanto de su ejemplo como de su enseñanza?

Haz planes para realizar alguna actividad de «siembra» con tu grupo pequeño o con otros amigos cristianos.

SEIS

MIEDO Y FE

Marcos 4:35–6:6

«No tengas miedo; sólo cree». Estas palabras pueden sonar un tanto vacías cuando somos nosotros, y no otra persona, los que nos enfrentamos a una situación de miedo o que pone en peligro nuestra vida. Sin embargo, ante el peligro real descubrimos cuánta fe tenemos.

Discusión en grupo. Piensa en una ocasión en la que el miedo te impidió hacer o decir algo que creías que debías realizar. Explica cómo te sentiste y qué crees que temías realmente.

Reflexión personal. ¿Qué miedos te impiden compartir el evangelio más fácilmente con los demás? (¿Miedo al rechazo? ¿Miedo a no conocer realmente el evangelio? ¿Algo más?) Pide a Dios que te ayude a identificar tus miedos y a aprender a superarlos con fe.

En este estudio encontramos a diferentes personas en situaciones desesperadas. Sus experiencias con Jesús pueden ayudarnos a confiarle las áreas temerosas de nuestras propias vidas. *Lee Marcos 4:35–5:20.*

1. En el primer incidente, los discípulos están naturalmente asustados por la tormenta y perturbados porque Jesús parece no preocuparse de que se ahoguen. Sin embargo, una vez que Jesús calma la tormenta, siguen aterrorizados. ¿En qué difiere su miedo después de la tormenta de sus temores anteriores?

2. En 5:1-20, ¿quién tiene miedo y por qué?

3. ¿Cómo se comparan estos temores con los del incidente anterior (4:35-41)?

4. A muchas personas les cuesta entender por qué Jesús permitió que los demonios destruyeran a los cerdos. Pudo haber sido para evitar una salida violenta del hombre o para mostrarle visiblemente que ahora era libre. Aunque no podamos precisar exactamente por qué Jesús permitió esto, ¿qué muestra el destino de los cerdos sobre lo que los demonios intentaban hacerle al hombre?

5. ¿Qué muestra esto sobre el valor que Jesús concede al hombre?

6. Al final de este incidente Jesús parece invertir la estrategia. Por primera vez le dice a alguien que vaya y hable a otros de su sanación. ¿En qué se diferencia este hombre de los demás? (Véase 1:21-26; 1:40-45; 3:7-12.)

7. *Lee Marcos 5:21–6:6*. En 5:21-43 se tejen dos historias: la de la hija de Jairo y la de la mujer con hemorragia. ¿Qué tipo de temores están involucrados en estos dos incidentes?

8. La palabra *miedo* no aparece en el relato del regreso de Jesús a su ciudad natal, sin embargo, aquí también se hace evidente un tipo de miedo. ¿De qué tiene miedo la gente?

9. ¿Cuáles de los diferentes tipos de miedo que se han descrito en estos incidentes podríamos calificar como miedos buenos y cuáles como malos?

10. ¿Cuáles son las relaciones entre el miedo y la fe en cada uno de estos incidentes?

11. ¿Qué te impide convertir tus miedos en fe?

Ofrece tus mayores temores a Dios y pídele que te ayude a convertirlos en fe.

AHORA O DESPUÉS

El estudio número dos (Marcos 1:14-39) hizo hincapié en la autoridad de Jesús sobre una serie similar de experiencias en la vida. ¿Qué nuevas dimensiones de la autoridad de Jesús se muestran aquí?

¿Cómo puede esta autoridad calmar tus temores y fortalecer tu fe?

Pensando en la parábola del sembrador, ¿qué tipos de terreno puedes encontrar en este pasaje?

SIETE

ENTENDIENDO LOS PANES

Marcos 6:6-52

El exceso de actividad es una experiencia demasiado común entre los cristianos en la actualidad. Una de las consecuencias más graves es un corazón endurecido que nos impide ser refrescados por nuestro Señor.

Discusión en grupo. ¿Qué contribuye en tu vida a una sensación de sobreactividad o agotamiento? ¿Cómo afecta a tu vida espiritual?

Reflexión personal. Dedica unos minutos a evaluar el estado presente de tu vida espiritual. ¿Es fresca y vigorosa? ¿débil y mecánica? ¿presionada? ¿apenas existe? Da gracias porque el Señor se preocupa por ti dondequiera que te encuentres en tu caminar con él.

En este estudio veremos a los discípulos sufriendo por el exceso de actividad y tendremos una visión de cómo Jesús puede ayudarnos a contrarrestar sus efectos. El pasaje en el que nos centramos es especialmente abundante en alusiones al Antiguo Testamento. A ver si puedes detectar algunas de estas alusiones. *Lee Marcos 6:6-52.*

1. ¿Qué nos dicen las instrucciones de Jesús a los doce sobre el tipo de ministerio que debían tener (vv. 6-13)?

2. ¿Qué clase de hombre era Herodes (vv. 14-29)?

3. En términos de la parábola del sembrador, ¿qué tipo de tierra era él?

4. Esta retrospectiva a la ejecución de Juan el Bautista interrumpe el relato del envío de Jesús a los doce para predicar y sanar. ¿Por qué crees que Marcos lo relata aquí?

5. ¿Qué diferencias hay entre la actitud de Jesús hacia la multitud y la de sus discípulos (vv. 30-44)?

6. ¿En qué ocasiones el cansancio ha entorpecido tu deseo de atender a los demás?

7. Jesús y Herodes, los dos reyes de este pasaje, sirven banquetes. Compáralos.

8. Imagina que eres uno de los discípulos en la barca (vv. 45-52). ¿Cómo responderías al ver a Jesús caminando sobre el agua?

9. ¿Qué deberían haber entendido los discípulos sobre los panes (v. 52)?

10. Marcos nos dice que los discípulos no entendieron lo de los panes porque tenían el corazón endurecido. ¿Qué parece haber provocado tal dureza de corazón?

11. Reconociendo los factores contribuyentes, ¿qué pasos podemos dar para contrarrestar el exceso de actividad y la dureza de corazón?

Ora para que Dios te aparte del exceso de actividad y mantenga sus prioridades ante tus ojos.

AHORA O DESPUÉS

Toma un tiempo prolongado para estar a solas con Dios: una mañana de sábado completa u otro bloque conveniente de dos o tres horas. Dedica algún tiempo a escribir en un diario, anotando qué actividades ocupan la mayor parte de tu tiempo. Pregúntate a ti mismo y al Señor si éstas son las prioridades que él quiere que tengas. ¿Hay personas cuyas necesidades estás desatendiendo y para las que podrías sacar tiempo? ¿Hay personas que están consumiendo demasiado de tu tiempo y con quienes necesitas reducir el contacto? Pide a Dios su discernimiento.

Estudia Ezequiel 34:1-16 para ver cómo Marcos 6:6-52 hace eco del juicio de Dios sobre los pastores de Israel y de su promesa de convertirse él mismo en su pastor.

VIOLANDO LA TRADICIÓN

Marcos 6:53–7:37

Todos estamos influenciados por tradiciones de una u otra manera, ¡incluso aquellos que, *por tradición,* no les damos mucha importancia! Pero, ¿en qué momento las tradiciones pierden su valor o incluso se vuelven contraproducentes? ¿Cuándo las prácticas religiosas se convierten en un sustituto de obedecer realmente a Dios?

Discusión en grupo. ¿Qué tradiciones religiosas influyen en tu vida? ¿Es esa influencia buena o mala? Explícalo.

Reflexión personal. Haz una lista de tres o cuatro hábitos religiosos que tienes. Evalúa si te ayudan a sentirte más cerca de Dios o si te hacen sentirte más distante.

En este estudio, Jesús tiene unas palabras bastante duras para los fariseos y las tradiciones que deciden observar. Medita sobre el motivo de su ira. *Lee Marcos 6:53–7:37.*

1. Al final de Marcos 6 vemos que, mientras Jesús se mueve por el centro del mercado, va sanando a los enfermos. Si hubieras estado allí, ¿qué diferencias observarías en lo que hacen los fariseos al recorrer el lugar (7:1-4)?

2. ¿Qué denuncias concretas plantea Jesús contra el enfoque de los fariseos respecto a la tradición (7:6-13)?

3. ¿Qué tipo de tradiciones observamos hoy en día que se interponen en el camino de honrar realmente a Dios?

4. ¿En qué difiere la opinión de Jesús sobre volverse «impuro» de la de los fariseos (vv. 14-23)?

5. ¿De qué manera destacamos en ocasiones la apariencia por encima de la realidad interna?

6. ¿De qué manera el estándar de impureza de Jesús atraviesa las diferencias entre las tradiciones judías y gentiles?

7. Jesús responde a la petición de la mujer sirofenicia con una miniparábola sobre los niños, el pan y los perros (7:24-27). ¿Qué está diciendo en realidad?

8. ¿Qué pruebas hay de que la mujer ha entendido las palabras de Jesús (vv. 28-30)?

9. La sanación del sordo tiene lugar en la Decápolis, donde Jesús ha expulsado los demonios del hombre de los sepulcros (5:1-20). ¿Cómo evidencian los acontecimientos el éxito del hombre endemoniado al contar lo que Jesús había hecho por él (vv. 31-37)?

10. ¿A qué fines prácticos crees que sirvió el hecho de que Jesús metiera los dedos en los oídos del sordo y le tocara la lengua?

11. A lo largo del Evangelio de Marcos se observa que las dolencias físicas tienen contrapartidas espirituales. El sordo de este relato es evidentemente alguien que literalmente tiene oídos pero es incapaz de oír o hablar correctamente. En este capítulo y en el anterior, ¿cómo muestran las personas síntomas de sordera espiritual?

12. ¿Cómo puede la sordera espiritual separarnos de Dios en la actualidad?

Ahora, al igual que en el pasado, aquellos que sufren de sordera espiritual —ya sea por el endurecimiento del corazón o por reemplazar la verdadera obediencia con tradiciones— pueden encontrar sanación en Jesús. Ora por ti mismo y por aquellos que necesitan el toque sanador de Jesús.

AHORA O DESPUÉS

Las tradiciones, por su propia naturaleza, son difíciles de cambiar. ¿Hay alguna tradición en tu iglesia o grupo de confraternidad que inhibe el evangelio más que ninguna otra? Trabajen juntos para desarrollar una estrategia para abordar el problema.

NUEVE

¿QUIÉN DICEN QUE SOY?

Marcos 8:1–9:1

«¿QUIÉN DICEN USTEDES QUE SOY YO?» Es una pregunta que Jesús hace a cada uno de nosotros, y la respuesta que demos determina en última instancia nuestro destino. Pero nuestra respuesta implica algo más que lo que decimos con los labios. Nuestra verdadera respuesta se encuentra en la forma en que vivimos nuestra vida.

Discusión en grupo. Pide a cada miembro del grupo que piense en una respuesta contemporánea típica a la pregunta «¿Quién es Jesús?» Representa el papel de reportero itinerante, preguntando a cada uno: «¿Quién crees que es Jesús?».

Reflexión personal. C. S. Lewis hizo famosas una serie de respuestas alternativas contemporáneas a la pregunta de Jesús: ¿leyenda, mentiroso, lunático o Señor? En el fondo de tu corazón, ¿cuál es tu respuesta?

Hasta ahora, todo el Evangelio de Marcos ha estado aportando pruebas para responder a la pregunta: ¿Quién es Jesús? Presta atención ya que los acontecimientos de este pasaje llevan la primera mitad del Evangelio de Marcos a un punto culminante. *Lee Marcos 8:1–9:1.*

1. ¿Por qué crees que, a los discípulos, habiendo presenciado la alimentación de los 5000, les cuesta tanto creer que Jesús pueda suplir aquí las necesidades de 4000 (8:1-13)?

2. ¿Cuándo has actuado de forma similar, sin creer que Dios vaya a actuar justo después de que ha satisfecho una necesidad en tu vida?

3. ¿Qué detalles del relato de Marcos destacan la suficiencia de la capacidad de Jesús para satisfacer las necesidades de la gente?

4. En el versículo 12, Jesús dice que no dará ninguna señal a esta generación. ¿Qué crees que quiere decir a la luz de las muchas señales milagrosas y sanaciones que ya ha realizado, por no mencionar su próxima muerte y resurrección?

5. ¿Cuál es la levadura de los fariseos y de Herodes (v. 15)? (Para obtener pistas, lee 6:14-29 y 7:1-23).

6. ¿Qué es lo que los discípulos no entienden en los versículos 14-21 y por qué?

7. ¿Qué cosa insólita ocurre mientras Jesús sana al ciego (vv. 22-26)?

8. En respuesta a la pregunta de Jesús sobre quién dice la gente que es, los discípulos le dicen que Juan el Bautista, Elías o uno de los profetas (vv. 27-30). ¿Por qué iba a pensar la gente que Jesús era cualquiera de ellos?

9. Justo después de que Pedro reconoce que Jesús es el Cristo, Jesús comienza a explicarle lo que debe sucederle. ¿Por qué supones que Pedro reacciona tan fuertemente a lo que Jesús le ha dicho?

10. ¿Por qué Jesús responde a Pedro con tanta dureza?

11. ¿En qué se parece Pedro al ciego de los versículos 22-26?

12. ¿Qué dice Jesús que significa reconocerlo como el Cristo y seguirlo?

13. ¿Tu vida se caracteriza más por buscar perderla o salvarla? Explícate.

Pide a Jesús que te ayude a ver con más claridad aquellas áreas en las que aún no lo estás siguiendo.

AHORA O DESPUÉS

Si es posible, te insto a que dediques toda una sesión a trabajar en el siguiente repaso de Marcos 1–8. La verdad sobre Jesús se ha ido desarrollando progresivamente. Con la confesión de Pedro en 8:29 llegamos no solo al punto medio, sino también a un punto de inflexión clave en el Evangelio de Marcos. Por este motivo, resulta especialmente útil repasar algunos de los temas claves desarrollados hasta ahora.

1. ¿Cuáles son algunas de las cosas que Marcos ha destacado más sobre Jesús?

2. ¿Qué cosas claves se han revelado sobre su reino?

3. Repasa cada uno de los estudios realizados hasta ahora y cámbiales el título para mostrar cómo encajan en el tema del reino. Por ejemplo, el estudio uno podría titularse «La venida del rey prometido».

4. ¿Cómo podemos hacer que el mensaje del rey y su reino sea una parte más vital de nuestra proclamación de las buenas nuevas?

5. ¿Qué hemos observado en Jesús como comunicador del evangelio?

6. ¿Cómo puede esto mejorar nuestra forma de comunicar el evangelio?

7. A lo largo de los primeros capítulos de Marcos, Jesús parece cauteloso a la hora de revelar su identidad con demasiada rapidez. ¿Por qué crees que esto es así?

8. En la parábola del sembrador, nos enfrentamos por primera vez al problema de oír. Jesús habla del fracaso del camino, del suelo pedregoso y de la tierra infestada de espinos para producir fruto. A medida que avanzamos, empezamos a ver que incluso los discípulos tienen dificultades para oír y ver porque sus corazones están endurecidos. ¿Cómo se resolverá este problema: el corazón endurecido, los ojos ciegos y los oídos sordos?

9. ¿Cuáles son algunas de las áreas en las que has empezado a ver con más claridad y a oír con un corazón más receptivo?

DIEZ

SUFRIMIENTO Y GLORIA

Marcos 9:2-32

En un célebre relato, el protagonista tiene la opción de abrir una de dos puertas. Detrás de una hay una hermosa doncella; detrás de la otra, un tigre feroz. Es fácil identificarse con el héroe de la historia, esperando alegría en lugar de sufrimiento, placer en lugar de dolor. Pero, ¿y si no podemos tener una sin la otra?

Discusión en grupo. ¿Qué tipo de sufrimiento en relación con el evangelio temes más? ¿Por qué?

Reflexión personal. ¿En que situación el miedo a algún tipo de sufrimiento te ha impedido compartir o abrazar el evangelio? Dile a Jesús cómo te hace sentir eso.

El pasaje de este estudio examina la relación entre el sufrimiento y la gloria, la debilidad humana y el poder divino. *Lee Marcos 9:2-32.*

1. Ponte en el lugar de Pedro, Santiago y Juan en los versículos 1-12. ¿Qué ves y oyes?

Como buen judío, ¿qué significado podrías haber atribuido a la presencia de Elías y Moisés con Jesús en el monte?

2. La transfiguración de Jesús ocurre seis días después de que Jesús dijo: «Les aseguro que algunos de los aquí presentes no sufrirán la muerte sin antes haber visto el reino de Dios llegar con poder» (9:1). ¿Qué conexión ves entre la transfiguración y la promesa de Jesús?

3. La afirmación del versículo 7: «¡Escúchenlo!» probablemente alude a Deuteronomio 18:14-22. ¿Cómo podemos escuchar a Jesús hoy?

4. ¿A qué acontecimientos se refiere Jesús cuando dice: «Elías ya ha venido, y le hicieron todo lo que quisieron, tal como está escrito de él» (v. 13)?

5. Se esperaba que el regreso de Elías precediera inmediatamente a la inauguración del glorioso reino mesiánico (Malaquías 4:5). Sin embargo, ¿de qué manera lo que le sucedió a él (v. 13) es un modelo de lo que también debe sucederle a Jesús (vv. 9, 12) y a nosotros?

6. Jesús desciende de la montaña y regresa con sus otros discípulos solo para encontrarlos en plena discusión con los maestros de la ley por su fracaso a la hora de intentar liberar a un joven al que le habían robado el habla (vv. 14-18). ¿Por qué supones que Jesús es tan duro en el versículo 19?

7. Piensa en el leproso del capítulo 1. ¿En qué se parece y en qué se diferencia la petición del padre en el versículo 22 de la petición del leproso en 1:40?

8. ¿Con cuál opción luchas más: con creer que Jesús *puede* o con creer que *quiere* responder a tus oraciones? Explícalo.

9. ¿Cómo puede animarte el diálogo entre Jesús y el hombre cuando tu fe es débil?

10. Al final de este relato, Jesús vuelve a hablar a sus discípulos de su muerte y resurrección (vv. 30-32). ¿Por qué crees que los discípulos no entendieron lo que quería decir?

11. ¿Qué detalles del relato de la sanación del niño son paralelos a los de la predicción de Jesús sobre su sufrimiento y victoria venideros?

12. ¿Cómo puede animarnos este pasaje en medio del dolor y el sufrimiento?

Ora para obtener la fuerza de Dios para afrontar el dolor y el sufrimiento.

AHORA O DESPUÉS

Lee la historia del encuentro de Elías con Acab y los profetas de Baal en 1 Reyes 18:1–19:18. ¿Cómo es llamado Elías a afrontar el sufrimiento por hacer la obra del Señor?

¿De qué manera Dios te da poder?

Incluso después de su triunfo, Elías se siente fracasado. ¿Cómo le cuida Dios entonces?

El homólogo de Elías, Juan el Bautista, no es tan afortunado: su fidelidad termina en la muerte (Marcos 6:14-29). ¿Cómo concilia su destino con la promesa de la fidelidad de Dios?

¿Qué nueva perspectiva aporta la muerte de Jesús a esta cuestión?

EL PRIMERO Y EL ÚLTIMO

Marcos 9:33-50

Todos nosotros, supongo, luchamos con la cuestión del estatus y la identidad dentro de un grupo. ¿Dónde encajo yo? ¿Qué importancia tengo para este grupo? ¿Quién está de nuestro lado? ¿Quién no lo está?

Discusión en grupo. ¿Cómo definirías el éxito? ¿Dirías que lo has alcanzado?

Reflexión personal. Piensa en un rival en el trabajo o en un grupo en el que seas parte. ¿Cómo sueles responder a esa persona? Pide a Dios que te ayude a ver a esa persona como él la ve.

En este estudio descubriremos cómo Jesús da la vuelta a la sabiduría convencional sobre el estatus y la identidad de grupo. *Lee Marcos 9:33-50.*

1. En los versículos 33-37, ¿qué intenta transmitir Jesús a los discípulos?

2. Pensando en todo el Evangelio de Marcos hasta este punto, ¿cómo hemos visto este principio de los primeros y los últimos en acción?

3. ¿Por qué un niño es una ilustración tan apropiada para lo que quiere decir Jesús?

4. ¿Qué actitudes (que todos compartimos) motivan las observaciones de Juan en el versículo 38?

5. ¿Qué perspectiva rige la respuesta de Jesús a Juan en los versículos 39-41?

6. ¿Qué otra reprensión a Juan se da en los versículos 42-50?

7. ¿En qué se diferencian radicalmente las actitudes de Jesús sobre la grandeza y el valor personal de las actitudes que a menudo adoptamos de la sociedad?

8. La historia cristiana ha conocido a algunos individuos que se tomaron las palabras de Jesús en los versículos 43-47 de forma bastante literal. ¿Por qué cortar una mano o un pie o extraer un ojo no es una forma suficientemente radical de tratar el pecado?

9. El versículo 49 es en cierto modo una metáfora mixta, pero el fuego se ha utilizado como imagen en los versículos 42-48. Tomando como referencia los versículos 42-48, ¿qué crees que significa ser «salado con fuego»?

10. Si la sal está relacionada con el fuego como imagen del juicio, ¿qué crees que podría significar tener sal en uno mismo? ¿Cómo contribuiría eso a la paz?

11. ¿A qué individuos o grupos estamos tentados a silenciar porque no son de los nuestros?

12. ¿Significa esto que no debemos oponernos a nadie, o Jesús pone límites?

13. ¿Qué actitudes y acciones sugiere este pasaje que deberían regir nuestras relaciones con individuos o grupos rivales que actúan en nombre de Jesús?

Ora por la unidad y un sentido de propósito común entre los cristianos y grupos cristianos que conozcas.

AHORA O DESPUÉS

Haz planes para unirte en el servicio de culto o en una actividad de evangelización con otra iglesia o grupo cristiano del lugar donde vives.

DOCE

NUEVAS RELACIONES

Marcos 10:1-31

Para muchos de nosotros la predicación se convierte en intromisión cuando afecta a nuestra forma de vivir. Pero Jesús y el Nuevo Testamento, como el Antiguo Testamento antes que ellos, nunca permiten que la religión se divorcie de la vida familiar y las relaciones sociales.

Discusión en grupo. Las iglesias han sido criticadas tanto por ser demasiado laxas como por ser demasiado estrictas respecto al divorcio. ¿Cómo describirías la postura de tu iglesia ante el divorcio?

Reflexión personal. ¿De qué manera la comunidad cristiana ha sido (o no ha sido) una familia para ti?

El pasaje de este estudio expone algunas de las formas en que el evangelio debe transformar nuestra vida familiar y social. *Lee Marcos 10:1-31.*

1. ¿Qué temas en común ves a lo largo de este pasaje?

2. ¿Qué diferencias de enfoque sobre la cuestión del divorcio parecen evidentes entre Jesús y los fariseos?

3. Basándose en los versículos 6-9, algunas iglesias cristianas se han negado a reconocer el divorcio incluso cuando una pareja ha obtenido una disolución civil de su matrimonio. ¿Crees que ésta es la intención de la declaración de Jesús? ¿Por qué sí o por qué no?

4. En una cultura que concedía mayor libertad al hombre que a la mujer, ¿qué otras afirmaciones significativas sobre el divorcio hace Jesús en los versículos 11-12?

5. En los versículos 13-16 vemos que Jesús ha utilizado por segunda vez a uno o varios niños para ilustrar un principio espiritual. ¿Qué significa recibir el reino como un niño pequeño?

6. ¿De qué manera crees que las expectativas del hombre rico sobre cómo respondería Jesús a su pregunta en el versículo 17 difirieron de la respuesta de Jesús en los versículos 18-21?

7. ¿Por qué es tan difícil para los ricos entrar en el reino (vv. 22-27)?

8. ¿Cuáles son los obstáculos que te han resultado o te resultan más difíciles de superar para entrar en el reino?

¿Cómo te ha ayudado Dios?

9. ¿En qué fallaron los fariseos (vv. 2-9) y el hombre rico (vv. 17-25) al no recibir el reino como un niño (v. 15)?

10. ¿En qué áreas de tu vida necesitas expresar una fe en Dios como un niño?

11. ¿Qué intenta decir Pedro con sus comentarios en el versículo 28?

12. ¿Cómo tranquiliza Jesús a Pedro?

13. ¿Cómo has experimentado la verdad de las palabras de Jesús aquí?

Ora para aprender a recibir el reino como un niño pequeño.

AHORA O DESPUÉS

Reflexiona en oración y/o en un diario sobre el hecho de ser un niño ante Dios. ¿Qué características de un niño crees que Dios quiere que imitemos? ¿En qué te pareces a un niño y en qué no? ¿Qué significa para ti que Dios quiera ser tu padre?

TRECE

CEGUERA Y VISTA

Marcos 10:32-52

Los ciegos en ocasiones tienen una «vista» asombrosa, y los sordos a veces «oyen» lo que otros pasan por alto. La perspicacia y la agudeza espirituales surgen del corazón y no del estatus o la posición.

Discusión en grupo. ¿Cuáles crees que son algunos de los privilegios y responsabilidades de un líder?

Reflexión personal. ¿Cuáles son algunas verdades espirituales que Dios te ha permitido ver y oír? Da gracias por lo que sabes de él.

En este pasaje, Marcos parece deleitarse con la ironía de un ciego que percibe lo que los videntes no pueden ver. *Lee Marcos 10:32-52.*

1. En los versículos 32-34 Jesús predice su muerte por tercera vez. Compara esta predicción con las dos anteriores (8:31; 9:31). ¿Qué observas?

2. Teniendo en cuenta lo que Jesús acaba de decir, ¿qué hay de irónico en la petición de Santiago y Juan (vv. 35-37)?

3. ¿Qué parece motivar la petición de Santiago y Juan?

4. ¿Por qué crees que lo piden de la manera en que lo hacen?

5. ¿Qué quiere decir Jesús con la copa que ha de beber y el bautismo con el que ha de ser bautizado (vv. 38-39)?

6. Cuando los otros diez apóstoles se enteran de esta petición de estatus, se indignan. En respuesta, Jesús vuelve a insistir en que los últimos serán los primeros. ¿Qué nueva motivación para el servicio se encuentra en el versículo 45?

7. ¿Cómo puede adaptarse mejor tu vida a la visión que Jesús tiene de la grandeza? (Considera lo que motiva tus acciones, así como lo que haces).

8. A partir del breve relato de los versículos 46-52, ¿qué clase de hombre parece ser Bartimeo?

9. ¿Por qué razón supones que Jesús le preguntó a Bartimeo qué quería que hiciera por él?

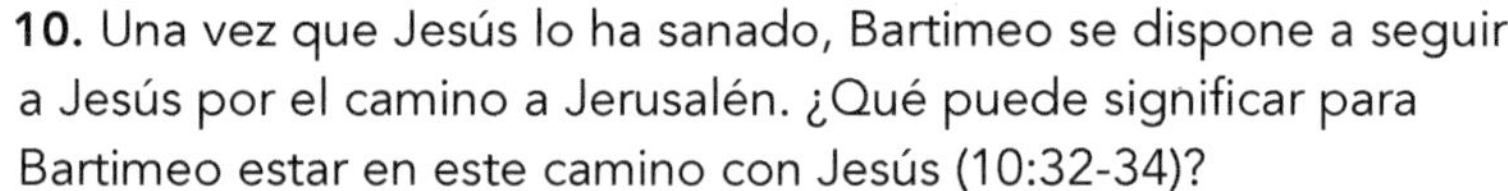

10. Una vez que Jesús lo ha sanado, Bartimeo se dispone a seguir a Jesús por el camino a Jerusalén. ¿Qué puede significar para Bartimeo estar en este camino con Jesús (10:32-34)?

11. ¿Qué ha visto Bartimeo que no hayan visto los discípulos?

12. Jesús está realmente en el camino hacia la gloria, pero ese camino no evitará Jerusalén. La abnegación y el servicio marcan el camino. ¿Cuáles son para ti algunas de las oportunidades actuales de seguir a Jesús?

¿Cuáles pueden ser algunos de los costos?

Ora para que Jesús te ayude a estar dispuesto a pagar los costos de seguirlo.

AHORA O DESPUÉS

Elabora una reflexión en tu diario sobre los sacrificios de seguir a Jesús. ¿Cuáles crees que son las prioridades de él para ti en este momento? ¿A quién desea que te acerques? ¿Cuánto te costará en tiempo y energía seguir estas prioridades?

CATORCE

DOMINGO DE RAMOS

Marcos 11:1-25

El problema de la ira justa es que es mucho más fácil estar furioso que ser justo. Pero es posible ser ambas cosas.

Discusión en grupo. ¿Cómo definirías la ira justa? ¿Cuándo has visto que se le diera un buen uso?

Reflexión personal. ¿Cuándo te ha dominado la ira últimamente? Pide a Dios que te ayude a discernir la verdadera causa de la ira.

Jesús ilustra adecuadamente la ira justa en este pasaje. También sugiere que incluso la ira justa debe ir unida a la oración y al perdón. Este pasaje ofrece un ejemplo de cómo nuestras emociones y actitudes pueden trabajar a favor de los propósitos de Dios en lugar de en su contra. *Lee Marcos 11:1-25.*

1. ¿Qué progresión de estados de ánimo ves en este pasaje?

2. ¿De qué manera se refuerza el significado de la entrada de Jesús en Jerusalén?

3. Ponte en el lugar de Jesús. ¿Por qué está tan enfadado con lo que está ocurriendo en el templo (vv. 15-17)?

4. ¿Existen actividades o actitudes similares en tu iglesia o hermandad que se interponen en el camino de los propósitos de Dios? ¿Qué puedes hacer para ayudar a eliminarlas?

5. ¿Por qué crees que Marcos ha intercalado este relato de la limpieza del templo por parte de Jesús con el de la maldición de la higuera?

6. ¿Qué tipo de fruto buscaba Jesús en Israel?

7. Muchas personas creen que escaparán al juicio de Dios simplemente porque son religiosas. ¿Cómo puede servir este pasaje de advertencia para ellos y para nosotros?

8. ¿Qué nos enseña Jesús sobre la oración en los versículos 23-25?

9. Es posible que en el versículo 23 Jesús estuviera hablando de orar por el día del juicio. Si orar para mover montañas es orar por el día del juicio de Dios, ¿por qué es importante orar con la actitud que Jesús describe en el versículo 25?

10. Pensando en tu respuesta a la pregunta 4, ¿hay alguna persona a la que necesites perdonar además de reprender?

11. ¿Hay algo más que necesites hacer para reconciliarte con esta persona o personas? En caso afirmativo, ¿cómo y cuándo lo harás?

Responde a este pasaje en oración, alabando al Rey de la paz y pidiendo que se establezca su reino.

AHORA O DESPUÉS

Estudia Zacarías 14 para ver de qué manera Marcos hace uso de las imágenes de Zacarías para describir el «día del Señor» que se acerca. Lee Zacarías 9:9-10 sobre la entrada triunfal en Jerusalén.

PREGUNTAS TENTADORAS

Marcos 11:27–12:27

ALGUNAS PERSONAS HACEN PREGUNTAS porque realmente desean conocer las respuestas. Otras, sin embargo, disfrutan maliciosamente al formular preguntas sin respuesta o al intentar hacer tropezar a un adversario. Jesús solía hacer preguntas para que sus oyentes pensaran profundamente por sí mismos.

Discusión en grupo. Cuenta al grupo alguna de las preguntas más difíciles que te hayan hecho. ¿Cómo respondiste?

Reflexión personal. Piensa en un amigo que te haga preguntas realmente difíciles sobre la fe. ¿Puedes ver alguna cuestión más profunda detrás de las preguntas que él o ella hace?

Aprender a buscar motivos detrás de las preguntas y aprender a plantear preguntas eficaces puede ayudarnos a todos a ser mejores evangelizadores y servidores. *Lee Marcos 11:27–12:27.*

1. ¿Cuáles son algunos de los motivos que se esconden tras las preguntas que se formulan a lo largo del pasaje?

2. En 11:27, los jefes de los sacerdotes, los ancianos y los maestros de la ley se acercan para hacer una pregunta aparentemente sencilla sobre la autoridad de Jesús. ¿Qué revelan la respuesta de Jesús y la discusión posterior sobre sus motivos?

3. ¿Por qué Jesús no les responde?

4. ¿Hay ocasiones en las que no deberíamos responder a los que nos preguntan? Explícalo.

5. Concéntrate en 12:1-12. Si los labradores arrendatarios son Israel y sus líderes religiosos, ¿quiénes son el dueño, los siervos y el hijo?

6. ¿Cómo van a cumplir estos líderes religiosos la Escritura que Jesús cita en 12:10-11?

7. A menudo, un enemigo común puede unir a personas que, por lo demás, no se llevan bien. En 12:13-17 encontramos a los herodianos (partidarios de la monarquía títere) y a los fariseos (nacionalistas ardientes y opositores al dominio romano) uniendo sus fuerzas. ¿Cómo refleja sus intereses contrapuestos la pregunta que plantean a Jesús?

8. Jesús no solo evita su trampa con su respuesta, sino que también consigue establecer un principio importante. ¿Qué tipo de cosas son legítimamente del César (el gobierno) y cuáles son de Dios?

9. Los saduceos se diferenciaban de sus contemporáneos judíos porque rechazaban la idea de la resurrección. ¿Qué motivos hay detrás de su pregunta a Jesús (12:18-23)?

10. ¿De qué manera la respuesta de Jesús a partir de las Escrituras es especialmente apropiada para los saduceos, que solo aceptaban la autoridad del Pentateuco (los cinco primeros libros del Antiguo Testamento)?

11. ¿Cómo experimentas la verdad de las Escrituras y el poder de Dios?

12. ¿Cómo podemos conocer mejor las Escrituras y el poder de Dios?

13. Al tratar de compartir la buena nueva de Jesús y su reino, nos encontraremos con personas con una gran variedad de preguntas y motivos. ¿Qué podemos aprender de este pasaje sobre cómo responder y hacer preguntas?

Ora para que Dios te convierta en una persona eficaz a la hora de plantear y responder preguntas.

AHORA O DESPUÉS

Elabora tu propia lista de preguntas más comunes que hace la gente, utilizando columnas paralelas para las posibles preguntas detrás de las preguntas. A continuación, rellena las posibles respuestas. Si estás estudiando con un grupo, haz un juego de roles para practicar cómo responder a estas preguntas.

DIECISÉIS

UN FIN A LAS PREGUNTAS

Marcos 12:28-44

A LAS PERSONAS LAS MOTIVAN muchas cosas: la ambición, el dinero, el poder, el reconocimiento, el deseo de agradar a Dios.

Discusión en grupo. ¿Cuáles consideras que son las motivaciones más poderosas en la vida de las personas que te rodean?

Reflexión personal. ¿Qué motiva tu vida cotidiana y tus planes sobre el futuro?

En el pasaje que estamos estudiando, Jesús se encuentra con diversas personas cuyas vidas están guiadas por distintos objetivos. Al hacerlo, expone nuestras propias motivaciones ante su mirada penetrante. *Lee Marcos 12:28-44.*

1. Al igual que los jefes de los sacerdotes, los ancianos, los fariseos y los saduceos de 11:27–12:27, otro maestro de la ley se acerca a Jesús con una pregunta (v. 28). ¿Qué pruebas hay de que no pretende tender una trampa a Jesús?

2. Aunque a Jesús solo se le pide un mandamiento (Deuteronomio 6:4-5), al buen estilo rabínico responde añadiendo un segundo a su respuesta (Levítico 19:18). ¿Qué relación guarda este segundo mandamiento con el primero?

3. El maestro no solo respalda la respuesta de Jesús, sino que la lleva un paso más allá. ¿Cuáles son algunos ejemplos contemporáneos de holocaustos y sacrificios?

4. Si tuvieras que evaluar tus actividades diarias en función del amor a Dios y al prójimo, ¿cómo te calificarías? Explica tu respuesta.

5. ¿Qué pasos puedes dar para que el amor a Dios y al prójimo sean una prioridad en tu vida?

6. ¿Cómo ha conseguido Jesús silenciar a sus críticos? (Repasa 11:27–12:34 para responder a esta pregunta).

7. Para un judío de la época de Jesús, un descendiente era siempre inferior a un antepasado. Un hijo podía llamar «señor» a su padre o a su abuelo, pero nunca viceversa. ¿Cómo puede el Cristo ser a la vez el Señor de David y su descendiente (vv. 35-37)?

8. ¿Qué significa para nosotros llamar a Jesús «Señor»?

9. ¿Qué advertencia para nosotros está presente en las advertencias de Jesús sobre los maestros de la ley (vv. 38-40)?

10. En contraste con los maestros de la ley y los ricos, ¿qué motiva el comportamiento religioso de la viuda?

11. ¿Cómo cumple ella el gran mandamiento?

12. ¿Qué implicaciones tiene este ejemplo para nuestra aportación a la obra del Señor?

Pídele a Dios que te dé la actitud de la viuda tanto en tu amor por él como hacia los demás.

AHORA O DESPUÉS

Lee Malaquías 3:1-5. ¿De qué manera ha cumplido Jesús esta profecía en Marcos 11–12?

DIECISIETE

VIGILAR

Marcos 13

Esperar la Navidad puede mantener a algunos niños entusiasmados y portándose lo mejor posible durante semanas. Pero, ¿qué pasaría si la Navidad nunca llegara? Para muchos de nosotros, la segunda venida de Cristo puede parecer una Navidad que nunca llega.

Discusión en grupo. ¿Por qué crees que muchos de nosotros tenemos tal fascinación por el futuro?

Reflexión personal. ¿Qué opinas del regreso del Señor? ¿Es algo que esperas con impaciencia, que temes o en lo que no piensas? ¿Por qué?

En este pasaje, Jesús responde a algunas preguntas sobre el futuro, tanto cercano como lejano, pero sobre todo alienta una actitud que todos debemos desarrollar. *Lee Marcos 13:1-37.*

1. Por el contexto, ¿qué es lo que preguntan Pedro, Santiago, Juan y Andrés en el versículo 4?

2. Jesús no parece responder directamente a su pregunta, al menos no al principio. ¿Qué le preocupa?

3. ¿Cómo habrían ayudado las advertencias y los ánimos de Jesús (vv. 5-13) a los discípulos en los primeros años de la iglesia?

4. ¿Qué relevancia tienen estas advertencias y estos estímulos para nosotros en la actualidad?

5. Los cristianos han discrepado a veces sobre cómo interpretar las palabras de Jesús en los versículos 14-23. Algunos piensan que Jesús está hablando de la destrucción del templo en el año 70 d.C. y de los acontecimientos previos. Otros piensan que estos acontecimientos son todavía futuros. ¿Qué pruebas hay que apoyen cada punto de vista?

6. ¿Qué dice Jesús sobre la obra de Dios en medio de toda esta conmoción?

7. ¿En qué se diferencia la angustia descrita en los versículos 24-27 de la descrita en los versículos 5-23?

8. ¿Cómo animarían los versículos 26-27 a los que han experimentado la angustia que precede al regreso de Jesús?

9. Jesús advierte seis veces a sus discípulos: «manténganse despiertos, estén alerta» (vv. 5, 9, 23, 33, 35, 37). ¿Por qué?

10. A lo largo de los siglos, muchas personas han intentado hacer predicciones exactas sobre el regreso de Jesús. ¿En qué se diferencia el velar, como Jesús nos insta, de hacer este tipo de predicciones?

11. ¿De qué maneras prácticas podemos estar alertas para el regreso de Jesús?

Ora para estar alerta y preparado para el regreso de Jesús.

AHORA O DESPUÉS

Haz una comparación cuidadosa del relato de Marcos sobre la enseñanza de Jesús aquí con el de Mateo (24–25) y el de Lucas (21:5-38). ¿Qué tienen en común?

¿Qué características únicas encuentras en cada uno?

¿Cómo nos animan todos ellos a prepararnos para el regreso de Jesús?

DIECIOCHO

EL TRAIDOR SE APROXIMA

Marcos 14:1-42

¿ALGUNA VEZ TE HAS QUEDADO dormido en un lugar público? ¿en una reunión en el trabajo? ¿durante el sermón en la iglesia? ¿O te has encontrado alguna vez bostezando justo cuando intentabas estar especialmente atento a alguien?

Discusión en grupo. Cuenta una anécdota sobre una ocasión en la que te quedaste dormido en un momento crítico o vergonzoso.

Reflexión personal. ¿En qué áreas de tu vida sientes que tu espíritu está dispuesto pero tu carne es débil? Pide al Señor que empiece a fortalecerte en esa área.

En este estudio profundizamos claramente en los últimos días del ministerio terrenal de Jesús. El ambiente es sombrío a medida que más y más gente empieza a fallar y a abandonarlo. Intenta empatizar con Jesús mientras lees. *Lee Marcos 14:1-42.*

1. Imagina que estuviste con Jesús a lo largo de estos acontecimientos. ¿Cómo cambian el estado de ánimo y las actividades de lo que ocurre en los versículos 1-9 a lo que ocurre en los versículos 10-42?

2. ¿Qué motivos diferentes están presentes en el conflicto que surge en casa de Simón el leproso?

3. ¿De qué manera la propia enseñanza de Jesús podría haber provocado la respuesta de los objetores?

4. El acto de la mujer es, en cierto sentido, un acto de adoración. ¿Qué nos revela este incidente sobre las demandas opuestas entre la belleza en el culto y la preocupación por los pobres?

5. Durante la fiesta de Pascua, Jesús dice a los doce que uno de ellos lo traicionará. ¿Qué crees que sentían al responder a su anuncio (v. 19)?

6. Pocas palabras han suscitado tanto debate en cuanto a su significado como las que pronunció Jesús en los versículos 22-24. Independientemente de qué tan literal las tomemos, ¿qué simbolizan para nosotros el pan y la copa de la Cena del Señor?

7. En el versículo 27, Jesús predice que sus discípulos lo abandonarán bajo presión. ¿De qué manera empatizas (o no empatizas) con las afirmaciones de Pedro en los versículos 29-31?

8. Muchas personas se preguntan si el único camino hacia Dios es a través de Jesús y su muerte en la cruz. Edith Schaeffer ha sugerido que ésta es la pregunta con la que luchó el propio Jesús en Getsemaní (vv. 35-36). ¿Cómo podría ayudar este pasaje a quienes luchan con la cuestión de si Jesús es el único camino hacia Dios?

9. En el versículo 34 y de nuevo en el 38, Jesús anima a los discípulos a velar y orar para no caer en la tentación. ¿A qué tentaciones concretas estaban a punto de enfrentarse?

¿De qué manera la oración podría haber cambiado el resultado?

10. ¿Cómo pueden estas mismas exhortaciones marcar la diferencia en tu propia vida entre resistir o caer en la tentación?

11. ¿Te has sentido alguna vez como debieron haberse sentido los discípulos en el versículo 40? Explícalo.

12. ¿Qué consuelo y aliento puedes extraer de la experiencia de los discípulos?

Ora para que el Señor te fortalezca en los momentos en que luchas por seguirlo.

AHORA O DESPUÉS

Lee sobre la cuestión de si Jesús es el único camino. Algunos buenos lugares para empezar son: *Absolute Truth?* (Downers Grove, Ill.: InterVarsity Press, 1996) de Mark Ashton; *Are All Religions One?* (Downers Grove, Ill.: InterVarsity Press, 1996) de Douglas Groothuis; *Handbook of Christian Apologetics* (Downers Grove, Ill.: InterVarsity Press, 1994) de Peter Kreeft y Ronald K. Tacelli; y *Christianity and World Religions* (Downers Grove, Ill.: InterVarsity Press, 1984) de Norman Anderson.

DIECINUEVE

¡TRAICIONADO!

Marcos 14:43-72

Una cosa es la persecución de los enemigos y otra el abandono de los amigos.

Discusión en grupo. ¿Qué significa para ti ser leal a un amigo?

Reflexión personal. ¿Qué presiones crees que ponen a prueba tu lealtad a Jesucristo? Dile lo que sientes.

En este estudio encontramos a Jesús no solamente traicionado por uno de sus discípulos, sino abandonado por todos los demás y lamentablemente negado por uno de sus amigos más íntimos. Todo ello sumado al trato cruel e ilegal por parte del Sanedrín. Este relato revela cómo las intensas presiones pueden poner a prueba la calidad de nuestro discipulado. *Lee Marcos 14:43-72.*

1. ¿Qué motivos contradictorios observas entre los protagonistas de este pasaje?

En particular, ¿qué motivos mezclados pueden haber inspirado las palabras y la acción de traición de Judas (vv. 43-45)?

2. ¿Cómo responde Jesús a su traición (vv. 48-49)?

3. El joven anónimo parece simbolizar a todos los seguidores de Jesús. ¿Cómo refleja tu situación las advertencias de Jesús sobre el costo del discipulado (8:34-38)?

4. ¿Qué aspectos del juicio de Jesús ante el Sanedrín destaca Marcos?

5. Hasta este momento, Jesús había disfrazado regularmente su identidad, pero en el versículo 62 confiesa abiertamente su identidad como el Cristo. ¿Por qué crees que hace esto ahora?

6. ¿De qué manera es justificable e injustificable la acusación contra Jesús (v. 64)?

7. ¿Cómo es Jesús, en contraste con sus discípulos, un ejemplo del tipo de discipulado que desea en nosotros (vv. 55-65)?

8. ¿Qué mezcla de motivaciones lleva a Pedro al patio del sumo sacerdote pero le impide reconocer su relación con Jesús (vv. 66-72)?

9. ¿Cómo se mezclan tus motivaciones al seguir a Jesús?

10. ¿En qué se diferencia la traición de Judas a Jesús de la negación de Pedro?

11. ¿En qué circunstancias te sientes más tentado a avergonzarte de Jesús o a negarlo?

12. ¿Qué advertencias y ánimos puedes extraer de la experiencia de Pedro?

Pide al Señor que ordene tus intenciones y te ayude a serle fiel.

AHORA O DESPUÉS

Imagina que eres Pedro o uno de los otros doce apóstoles. Lee lenta y reflexivamente Marcos 14:1–15:47. Anota en un diario lo que sientes al ver a Jesús pasar por su traición, arresto, juicio, muerte y sepultura. A continuación, lee Marcos 16:1-8 y registra cómo es encontrarlo vivo de nuevo. ¿Qué impacto tendría esto en tu vida?

LA VICTORIA ARREBATADA DE LA DERROTA

Marcos 15–16

La verdadera grandeza, enseñó Jesús, se encuentra en ser siervo: «El que quiera ser el primero, que sea siervo de todos. Porque ni siquiera el Hijo del Hombre ha venido a ser servido, sino a servir y a dar su vida en rescate por muchos».

Discusión en grupo. Comparte las respuestas a cualquiera de estas dos preguntas: (1) ¿Qué considera el mundo que es la verdadera grandeza? (2) A los ojos del mundo, ¿fue Jesús verdaderamente un gran hombre? ¿Por qué sí o por qué no?

Reflexión personal. Tómate un momento para reflexionar sobre lo que significó para Jesús enfrentar su propia muerte. Agradécele por su disposición a atravesar esa experiencia por ti.

Aquí se encuentra el vívido testimonio de la grandeza y gloria de Jesús. *Lee Marcos 15:1–16:8.*

1. ¿Qué clase de hombre es Pilato (15:1-15)?

2. ¿Qué pruebas hay de que desea hacer lo correcto?

3. ¿Qué le impide hacer lo correcto?

4. ¿Cómo podemos evitar sucumbir a la misma tentación?

5. ¿En qué sentido es Barrabás un sustituto de todo creyente?

6. El vino mezclado con mirra ofrecido a Jesús habría tenido un efecto narcótico. ¿Por qué lo rechaza Jesús? (Véase 10:38; 14:25, 36.)

7. ¿Qué ironías están presentes en las acusaciones y burlas dirigidas a Jesús en la cruz (15:25-32)?

8. ¿De qué manera la confesión del centurión es un clímax de todo el Evangelio de Marcos? (Compara 15:38-39 con 1:1, 10-11; 8:28-30.)

9. ¿Por qué crees que fueron José y las mujeres que habían seguido a Jesús, y no los once, quienes estuvieron presentes cuando Jesús murió y su cuerpo necesitaba una tumba?

10. ¿Por qué es significativo que se mencione a Pedro por su nombre en 16:7?

11. ¿Qué consuelo podemos extraer del evidente perdón del Señor a Pedro (véase 3:28)?

12. Los manuscritos más antiguos y mejor preservados del Evangelio de Marcos terminan en 16:8. Casi todos los eruditos coinciden en que, si Marcos no terminó su obra aquí, hemos perdido lo que escribió (los vv. 9-20 fueron escritos claramente por otra persona). Aunque algunos siguen sosteniendo que el final original se ha perdido, muchos eruditos creen que Marcos pretendía terminar con el versículo 8 tal cual. ¿En qué sentido es el versículo 8 un final apropiado para el relato evangélico?

13. ¿Cómo puede este pasaje reforzar nuestro compromiso de compartir la buena nueva de Cristo con los demás?

Da gracias a Jesús por su voluntad de ir a la cruz y por su gloriosa resurrección.

AHORA O DESPUÉS

Si es posible, dedica toda una sesión a trabajar en el siguiente repaso de Marcos 9–16.

Una nueva luz trae consigo una nueva responsabilidad. Ahora que has concluido el estudio de Marcos, ¿en qué cambiará tu vida? Este estudio final repasa algunos de los temas centrales del Evangelio de Marcos y nos recuerda cómo deben afectar a nuestra vida.

1. ¿Qué has aprendido sobre Marcos como escritor y evangelista?

2. ¿Cómo se ha enriquecido tu comprensión del evangelio y del reino?

3. La forma de actuar de los discípulos en esta mitad del Evangelio de Marcos ha estado marcada casi en su totalidad por el fracaso (9:18-19; 10:35-45; 14:32-42, 43-52, 66-72). Repasa los casos concretos de fracaso y explica después por qué Marcos puede haberles prestado tanta atención.

¿Qué podemos aprender de ello?

4. Muchos eruditos creen que uno de los propósitos de Marcos al escribir su relato del ministerio de Jesús era contrarrestar una idea errónea sobre Jesús mismo y la vida cristiana (véase, por ejemplo, Ralph Martin, *Mark: Evangelist and Theologian* [Grand Rapids, Mich.: Zondervan, 1973]). Algunos cristianos tendían a destacar a Jesús como una figura gloriosa y de otro mundo, excluyendo su humanidad y su sufrimiento. Como resultado, esperaban librarse del sufrimiento en esta vida y unirse rápidamente a Jesús en las glorias del cielo. Por desgracia, muchos cristianos comparten esta visión de la vida cristiana. ¿Cómo socava Marcos sistemáticamente esta visión? (Asegúrate de considerar los temas del seguimiento de Cristo, el costo del discipulado y el camino hacia la gloria).

5. ¿En qué parte del relato de Marcos se muestra de forma más prominente la gloria de Jesús? Da razones que apoyen tu respuesta.

6. ¿Cómo podría la cruz cumplir las palabras de Jesús en 9:1, al menos en parte?

7. Si el camino hacia la gloria está marcado por la disciplina, el sufrimiento y el servicio, ¿de qué forma tendrá que cambiar tu vida?

¿Cómo tendrá que cambiar tu forma de compartir el Evangelio?

8. ¿Qué es lo que más te ha gustado del estudio de Marcos?

NOTAS DEL LÍDER

Te basta con mi gracia.

(2 CORINTIOS 12:9)

Dirigir una discusión bíblica puede ser una experiencia agradable y gratificante. Pero también puede dar miedo, sobre todo si nunca lo has hecho antes. Si este es tu sentir, estás en buena compañía. Cuando Dios le pidió a Moisés que sacara a los israelitas de Egipto, él respondió: «¡Señor..., te ruego que envíes a alguna otra persona» (Éxodo 4:13). Lo mismo ocurrió con Salomón, Jeremías y Timoteo, pero Dios los ayudó a pesar de sus debilidades, y también te ayudará a ti.

No es necesario ser un experto en la Biblia o un profesor formado para dirigir una discusión bíblica. La idea que subyace a estos estudios inductivos es que el líder guíe a los miembros del grupo para que descubran por sí mismos lo que la Biblia tiene que decir. Este método de aprendizaje permitirá a los miembros del grupo retener mucho más de lo que se comparte, en comparación con una conferencia.

Estos estudios están diseñados para ser dirigidos con facilidad. De hecho, el flujo de preguntas a través del pasaje, de la observación a la interpretación y a la aplicación, es tan natural que puedes tener la sensación de que los estudios se guían solos. Esta guía de estudio también es flexible. Puedes utilizarla con una gran variedad de grupos: estudiantes, profesionales, vecinales o eclesiásticos. Cada estudio dura entre cuarenta y cinco y sesenta minutos en grupo.

Hay que conocer algunos datos importantes sobre la dinámica de grupo y el fomento de la discusión. Las sugerencias enumeradas a continuación deberían permitirte desempeñar de forma eficaz y amena tu papel como líder.

PREPARACIÓN DEL ESTUDIO

1. Pide a Dios que te ayude a comprender y aplicar el pasaje en tu propia vida. A menos que esto ocurra, no estarás preparado para dirigir a los demás. Ora también por los distintos miembros del grupo. Pide a Dios que abra sus corazones al mensaje de su Palabra y los motive a la acción.

2. Lee la introducción de la guía completa para tener una visión general de todo el libro y de los temas que se explorarán.

3. Al comenzar cada estudio, lee y relee el pasaje bíblico asignado para familiarizarte con él.

4. Esta guía de estudio se basa en la Nueva Versión Internacional de la Biblia. Te ayudará a ti y al grupo si utilizas esta traducción como base para tu estudio y discusión.

5. Analiza cuidadosamente cada una de las preguntas del estudio. Dedica tiempo a meditar y reflexionar mientras consideras cómo responder.

6. Escribe tus pensamientos y respuestas en el espacio proporcionado en la guía de estudio. Esto te ayudará a expresar con claridad tu comprensión del pasaje.

7. Puede resultarte útil tener al alcance un diccionario bíblico. Utilízalo para buscar cualquier palabra, nombre o lugar que no te resulte familiar.

8. Piensa en cómo puedes aplicar la Escritura a tu vida. Recuerda que el grupo seguirá tu ejemplo a la hora de responder a los estudios. Ellos no profundizarán más que tú.

9. Una vez que hayas terminado tu propio estudio del pasaje, familiarízate con las notas del líder para el estudio que estás dirigiendo. Éstas están diseñadas para ayudarte de diversas maneras. En primer lugar, indican el propósito que el autor de la guía de estudio tenía en mente al escribir el estudio. Tómate tu tiempo para pensar en cómo las preguntas del estudio funcionan juntas para lograr ese propósito. En segundo lugar, las notas proporcionan información de fondo adicional o sugerencias sobre la dinámica de grupo para varias preguntas. Esta información puede ser útil cuando la gente tenga dificultades para entender o responder a una pregunta. En tercer lugar, las notas del líder pueden alertarte sobre posibles problemas que puedas encontrar durante el estudio.

10. Si deseas recordar algo mencionado en las notas del líder, escribe una nota personal debajo de esa pregunta del estudio.

DIRECCIÓN DEL ESTUDIO

1. Comienza el estudio a tiempo. Inicia con una oración, pidiendo a Dios que ayude al grupo a comprender y aplicar el pasaje.

2. Asegúrate de que todos los miembros del grupo disponen de una guía de estudio. Anima al grupo a prepararse de antemano para cada discusión leyendo la introducción de la guía y trabajando con las preguntas del estudio.

3. Al inicio de la primera reunión, explica que estos estudios están diseñados para fomentar la discusión, no para impartir conferencias. Estimula a los miembros del grupo a participar. Sin embargo, no presiones a aquellos que puedan mostrarse vacilantes a la hora de hablar durante las primeras sesiones. Puedes sugerir al grupo las siguientes directrices.

- Limítate a tratar el tema.
- Tus respuestas deben fundamentarse en los versículos que constituyen el centro de la discusión y no en autoridades externas como comentarios u oradores. Estos estudios se centran en un pasaje concreto de las Escrituras. Solo en algunas ocasiones podrás referirte a otras porciones de la Biblia. Esto permite que todos participen en el estudio en profundidad en igualdad de condiciones.
- Todo lo dicho en el grupo se considera confidencial y no se comentará fuera del grupo a menos que se dé un permiso específico para hacerlo.
- Nos escucharemos atentamente unos a otros y daremos tiempo para que cada persona presente pueda hablar.
- Oraremos unos por otros.

4. Pide a un miembro del grupo que lea la introducción al inicio de la discusión.

5. Todas las sesiones comienzan con una pregunta para discutir en grupo. La pregunta o actividad está pensada para ser utilizada antes de la lectura del pasaje. La pregunta introduce el tema del estudio y anima a los miembros del grupo a empezar a abrirse. Anima a participar al mayor número posible de miembros y prepárate para poner en marcha la discusión con tu propia respuesta.

Esta sección está diseñada para revelar dónde nuestros pensamientos o sentimientos necesitan ser transformados por las Escrituras. Por eso es especialmente importante no leer el pasaje antes de plantear la pregunta de debate. El pasaje tendrá la tendencia a matizar las reacciones que la gente daría de otro modo porque, por supuesto, se supone que piensan como lo hace la Biblia.

Quizá desees complementar la pregunta de debate en grupo con un rompehielos para ayudar a la gente a sentirse cómoda.

También puedes utilizar la pregunta de reflexión personal con tu grupo. Concede un tiempo de silencio para que la gente responda individualmente o discútela en grupo.

6. Pide a un miembro del grupo (o a otros miembros si el pasaje es largo) que lea en voz alta el pasaje que se estudiará. A continuación, concede a las personas unos minutos para volver a leer el pasaje en silencio para que puedan comprenderlo todo.

7. La pregunta 1 suele ser una cuestión general destinada a revisar brevemente el pasaje. Anima al grupo a examinar todo el texto, pero procura evitar que se desvíen con preguntas o temas que se abordarán más adelante en el estudio.

8. Cuando formules las preguntas, ten en cuenta que están diseñadas para ser utilizadas tal y como están escritas. Puedes limitarte a leerlas en voz alta. O quizá prefieras expresarlas con tus propias palabras.

Habrá ocasiones en las que sea conveniente desviarse de la guía de estudio. Por ejemplo, es posible que una pregunta ya haya sido respondida. Si es así, pasa a la siguiente pregunta. O puede que alguien plantee un interrogante importante no contemplado en la guía. Toma tiempo para discutirlo, pero intenta que el grupo no se desvíe del tema.

9. Evita contestar tus propias preguntas. Si es necesario, repítelas hasta que se comprendan claramente. O señala algo que hayas leído en las notas del líder para aclarar el contexto o el significado. Un grupo impaciente se vuelve rápidamente pasivo y silencioso si piensa que el líder será el que más hable.

10. No sientas miedo ante el silencio. La gente puede necesitar tiempo para pensar en la pregunta antes de formular sus respuestas.

11. No te conformes con una sola respuesta. Pregunta: «¿Qué piensan los demás?» o «¿Algo más?» hasta que algunas personas hayan respondido a la pregunta.

12. Reconoce todas las contribuciones. Intenta ser afirmativo siempre que sea posible. Nunca rechaces una respuesta. Si está claramente fuera de lugar, pregunta: «¿Qué versículo te ha llevado a esa conclusión?» o de nuevo: «¿Qué opinan los demás?».

13. No esperes que todas las respuestas vayan dirigidas a ti, aunque es probable que esto ocurra al principio. A medida que los miembros del grupo se sientan más cómodos, empezarán a interactuar de verdad entre ellos. Éste es uno de los indicios de una discusión saludable.

14. No temas la controversia. Puede resultar muy estimulante. Si no se resuelve una cuestión por completo, no te frustres. Sigue adelante y tenlo en cuenta para después. Un estudio posterior puede resolver el problema.

15. Resume periódicamente las reflexiones del grupo sobre el pasaje. Esto ayuda a unir las diversas ideas mencionadas y da continuidad al estudio. Pero no prediques.

16. Al final de la discusión bíblica, puedes conceder a los miembros del grupo un tiempo de silencio para trabajar en una idea bajo el epígrafe «Ahora o después». A continuación, discutan lo experimentado. O puede que desees animar a los miembros del grupo a trabajar en estas ideas entre las reuniones. Brinda oportunidad durante la sesión para que la gente hable de lo que está aprendiendo.

17. Finaliza el tiempo juntos con una oración conversacional, adaptando la sugerencia de oración del final del estudio al grupo. Solicita la ayuda de Dios para cumplir los compromisos que han adquirido.

18. Finalicen a tiempo.

COMPONENTES DE LOS GRUPOS PEQUEÑOS

Un grupo pequeño saludable debe hacer algo más que estudiar la Biblia. Hay cuatro componentes que deben tener en cuenta a la hora de estructurar su tiempo juntos.

Crecimiento. Los grupos pequeños nos ayudan a profundizar en nuestro conocimiento y amor por Dios. El estudio bíblico es fundamental para lograr esto y constituye la base de tu grupo pequeño.

Comunidad. Los grupos pequeños son un gran lugar para desarrollar amistades profundas con otros cristianos. Da tiempo para la interacción informal antes y después de cada estudio. Planifica actividades y juegos que los ayuden a conocerse. Pasen tiempo divirtiéndose juntos: yendo de picnic o cocinando juntos la cena.

Adoración y oración. El estudio se verá enriquecido si pasan tiempo alabando a Dios juntos en oración o cantando. Oren por las necesidades de los demás y lleven un registro de cómo Dios está respondiendo a la oración en el grupo. Pidan a Dios que les ayude a aplicar lo que están aprendiendo en su estudio.

Evangelización. Alcanzar a otros puede ser una forma práctica de aplicar lo que están aprendiendo, y evitará que su grupo se centre solo en sí mismos. Organiza una serie de conversaciones evangelísticas para tus amigos o vecinos. Limpien juntos el jardín de un amigo anciano. Sirvan juntos en un comedor social o pasen un día trabajando en una asociación.

EL PANORAMA GENERAL

En cualquier grupo de estudios que cubre un libro completo como Marcos, hay un intercambio inevitable entre prestar atención a los detalles y ver el panorama general. Si estos estudios erran en un lado o el otro, erran del lado de tratar de ver el panorama general. Así que algunos pasajes quizás sean un poco largos, pero tienen una temática unificadora. En el proceso de revisión de esta segunda edición, la mayoría de la exploración del trasfondo del Antiguo Testamento se ha movido a la sección «Ahora o después», así como algunas de las preguntas que unifican observaciones de estudios anteriores.

Yo creo que el esfuerzo de ver el Evangelio como un total, en vez de como varios grupos de unidades aisladas, será grandemente enriquecedora. Pero requerirá disciplina de parte del líder y miembros del grupo para que prosigan juntos y no se distraigan con detalles.

PARTE 1: ¿QUIÉN ES JESÚS? MARCOS 1-8
ESTUDIO 1. MARCOS 1:1-13. LAS RAÍCES DEL EVANGELIO.

PROPÓSITO: Ver cómo el evangelio está enraizado en la historia y las profecías.

Discusión en grupo. Estas preguntas están pensadas para ayudar al grupo a conocerse mejor. No importa lo bien que un grupo se conozca o lo cómodos que se sientan unos con otros, siempre hay una rigidez que es necesario superar antes de que la gente empiece a hablar abiertamente. Una buena pregunta romperá el hielo y hará que la gente piense en la línea del tema del estudio. Estas preguntas pueden revelar en qué áreas nuestros pensamientos o sentimientos necesitan ser transformados por las Escrituras. Es por esto que resulta particularmente importante *no* leer el pasaje antes de plantear la pregunta. El pasaje tiende a influir en las reacciones sinceras que las personas darían de otra manera, ya que, naturalmente, se *espera* que piensen de acuerdo con lo que dice la Biblia.

Esta pregunta está pensada para que el grupo reflexione sobre cómo las historias familiares nos dan un sentido de identidad y continuidad con el pasado. El resto del estudio analizará cómo Marcos enraíza el evangelio en la historia y las profecías judías.

Pregunta 1. Esta pregunta debe servir para hacer un repaso de todo el pasaje, observando cómo el versículo 1 presenta sus temas. La idea aquí es ver que Marcos no es un observador desinteresado, sino un creyente comprometido. Anima al grupo a pensar en el significado de cada palabra o frase clave: *comienzo, evangelio* (buenas nuevas), *Jesucristo, el Hijo de Dios*. Lo que aprendemos aquí los contemporáneos de Jesús solo lo habrían aprendido gradualmente a través de su interacción con él.

Pregunta 2. Los textos que cita Marcos son de Malaquías 3:1 e Isaías 40:3. Es posible que a algunas personas de tu grupo les moleste que ambas citas parezcan atribuidas a Isaías. Explica, si es necesario, que Marcos puede haber atribuido ambas a Isaías porque las dos aparecían en el mismo rollo o que simplemente puede haber nombrado al profeta más significativo al juntar los dos textos. Era una práctica rabínica común en la época de Jesús demostrar el propio conocimiento de las Escrituras juntando textos distintos pero relacionados. Observa cómo Jesús mismo hace esto con Deuteronomio 6:4-5 y Levítico 19:18 en Marcos 12:30-31.

Pregunta 4. Los reyes que iban a emprender un viaje solían enviar un mensajero para prepararles el camino. Se enderezaban los caminos, se rellenaban los baches y se eliminaban las partes pedregosas. Marcos recurre a este tipo de imágenes de la descripción que hace Isaías de la venida del Señor para reinar como rey sobre su pueblo. Numerosos pasajes del Antiguo Testamento describen a Dios como rey y predicen un día en el que reinará sin oposición sobre su pueblo y la creación.

Pregunta 8. Craig S. Keener señala: «Los discípulos a menudo servían a sus maestros de la misma manera que los esclavos servían a sus amos, excepto en las tareas más serviles como quitarles las sandalias a sus amos» (*The IVP Bible Background Commentary: New Testament* [Downers Grove, Ill.: InterVarsity Press, 1993], p. 136).

Pregunta 9. A pesar de que Jesús está libre de pecado, se identifica sin embargo con los pecadores al acudir a Juan para ser bautizado. Donald English escribe: «En el bautismo comparte las circunstancias en las que las personas toman conciencia de sus necesidades, precisamente para satisfacerlas. Iba a hacer eso una y otra vez en su ministerio, y supremamente en su muerte y resurrección» (*The Message of Mark* [Downers Grove, Ill.: InterVarsity Press, 1992], p. 59).

ESTUDIO 2. MARCOS 1:14-39. RETRATOS DE JESÚS.

PROPÓSITO: Comenzar a ver a Jesús como el rey-siervo que ejerce su autoridad en beneficio de sus súbditos.

Pregunta 1. No dediques mucho tiempo a esta pregunta. El objetivo es mencionar algunas impresiones iniciales.

Pregunta 2. Algunas personas pueden tener problemas para responder a esta pregunta. Si es así, hazles ver las dos afirmaciones que hace Jesús. ¿Por qué es una buena noticia que «se ha cumplido el tiempo» y que «el reino de Dios está cerca»? ¿Cómo pide Jesús a la gente que responda a esta buena noticia?

Pregunta 3. Asegúrate de que el grupo ve que la respuesta de estos cuatro hombres demuestra el éxito del ministerio de preparación de Juan el Bautista. Ésta es la primera de las diversas preguntas a lo largo de esta guía diseñadas para unir el material aprendido en estudios anteriores.

Pregunta 5. Algunas personas pueden cuestionar la existencia de los demonios: ¿no son sólo formas primitivas de describir dolencias mentales y físicas? Esto sería plausible si los Evangelios no fueran tan cuidadosos a la hora de distinguir los males físicos de la posesión demoníaca. Observa que no se dice que la suegra de Simón tenga un demonio en el siguiente incidente. Al menos dos factores podrían explicar que Jesús silenciara al demonio: (1) un deseo de mantener oculta su identidad por el momento o (2) un deseo de que su identidad no fuera revelada por una fuente poco fiable (¿confiarías en que un demonio dijera la verdad?).

Pregunta 8. La autoridad de Jesús para llevar a cabo su misión está fuertemente enfatizada por frases como «al instante» y «enseguida». Analiza todos los ámbitos de la vida a los que se extiende la autoridad de Jesús: la enseñanza, los demonios, la enfermedad y las personas. Si el grupo tiene dificultades para responder, pregunta: «¿De qué manera se ha acercado el reino de Dios a la gente en estos acontecimientos?». La cuestión clave aquí es ver que el reino está cerca porque el rey está presente en la persona de Jesús.

ESTUDIO 3. MARCOS 1:40-2:17. AMIGO DE LOS MARGINADOS.

PROPÓSITO: Comprobar que son los pecadores los invitados a entrar en el reino.

Discusión en grupo. Dependiendo del grupo y de su experiencia, esta representación puede ir en distintas direcciones. Prepárate para discutir una respuesta positiva o negativa.

Pregunta 1. No dediques mucho tiempo a esto, pero permite que el grupo comparta sus impresiones iniciales sobre la resistencia a Jesús.

Preguntas 2-3. Asegúrate de que al responder a estas dos preguntas el grupo se da cuenta de que la forma en que el hombre se siente consigo mismo afecta a su petición. Aunque parece confiar en la capacidad de Jesús para sanar, cuestiona la voluntad de Jesús de ayudarlo.

Pregunta 4. Entre otras cosas, según la Ley, Jesús quedaría ceremonialmente impuro. También corría el riesgo de contraer la enfermedad.

Pregunta 5. Observa que las severas acusaciones de Jesús estaban orientadas hacia el bienestar del hombre y no simplemente hacia su propia conveniencia. Al cumplir los requisitos de la Ley (Levítico 14:2-32), el hombre podría recuperar su lugar adecuado en el tejido social y religioso de la sociedad.

Pregunta 7. No debemos pasar por alto el hecho de que los maestros de la ley tenían toda la razón: si Jesús *no* era Dios, estaba blasfemando al reclamar para sí la prerrogativa divina de perdonar los pecados. Al sanar al paralítico, Jesús dio pruebas visibles de que sus palabras eran ciertas y de que su autoridad era verdaderamente divina por naturaleza.

Pregunta 9. Mientras que la NVI pone la palabra *pecadores* entre comillas, otras versiones no lo hacen. El punto aquí es que los fariseos clasificaban como pecador a cualquiera que no cumpliera con sus rígidos estándares. Tampoco reconocieron que incluso el fariseo más estricto podía ser un pecador a los ojos de Dios.

Pregunta 10. Asegúrate de que el grupo tome nota de los aspectos tanto físicos como espirituales de la obra de Jesús.

Pregunta 11. Asegúrate de explorar la dimensión social y la psicológica, así como la espiritual.

Pregunta 12. Si el grupo tiene problemas para responder, pregunta: «¿Qué tendrían que admitir los fariseos sobre sí mismos antes de estar dispuestos a seguir a Jesús?»

ESTUDIO 4. MARCOS 2:18-3:35. CONFLICTO EN GALILEA.

PROPÓSITO: Examinar las causas de la creciente oposición a Jesús y cómo el considerarnos miembros de la familia de Dios puede reorientar nuestras actitudes hacia la obediencia.

Pregunta 2. El grupo puede tener dificultades para comprender las dos breves parábolas de Jesús. ¿Por qué, por ejemplo, sería inapropiado ayunar en un banquete de bodas? ¿Qué está sugiriendo Jesús sobre sí mismo al hablar de tela nueva y odres nuevos?

Pregunta 3. Puede que a algunos miembros del grupo les inquiete saber que, según 1 Samuel 21, Ajimélec era el sumo sacerdote cuando David comió el pan consagrado. Abiatar era el hijo de Ajimélec que más tarde llegó a ser sumo sacerdote (1 Samuel 22:20). Es probable que el acontecimiento ocurriera durante su vida, de la misma manera que podríamos decir que durante los días de Reagan estalló la primera bomba atómica y se realizó el primer viaje a la luna; es decir, los hechos sucedieron mientras vivía, aunque no necesariamente durante su mandato. No es necesario plantear esta cuestión al grupo a menos que uno de los miembros la saque a colación.

Pregunta 4. La gente puede tener dificultades para ver cómo las palabras de Jesús reprenden una actitud laxa hacia el Sabbat. Si es así, pregunta: «Si alguien te hace un regalo, ¿es correcto despreciarlo?». La cuestión es que una visión demasiado laxa del Sabbat no ve que Dios ha hecho el Sabbat para nuestro bienestar. Si lo descuidamos, nos perderemos el bien que él pretende que nos traiga.

Pregunta 5. Asegúrate de que el grupo reflexione sobre cómo la rigidez de los fariseos para guardar la ley en realidad los lleva a abusar de ella mucho peor de lo que incluso ellos creen que lo hace Jesús. Su rigidez los lleva al odio y al asesinato.

Pregunta 6. Los incrédulos no son los únicos que se oponen a nuestras creencias y prácticas. A veces nuestra oposición más enérgica procede de los religiosos, que se parecen a los fariseos de la época de Jesús. Asegúrate de considerar las objeciones que podrían tener ambos grupos. Jesús intentó ayudar a los fariseos a ver la intención de la ley. Interpretaban la ley de forma tan rígida de tal manera que la gente era pisoteada. Jesús miraba detrás de las leyes para ver cómo estaban pensadas para nuestro beneficio. Jesús estaba centrado en las personas. Los fariseos estaban centrados en la ley. Esta distinción puede guiar nuestro comportamiento como cristianos, así como nuestras respuestas a quienes se oponen a nuestro comportamiento.

Pregunta 9. Todo el mundo parece saber de alguien que está convencido de haber blasfemado contra el Espíritu Santo y de estar condenado para siempre. Merece la pena señalar dos puntos: (1) Jesús parece estar siempre dispuesto a perdonar cualquier pecado que estemos dispuestos a confesar; (2) las personas a las que aquí se advierte sobre blasfemar contra el Espíritu Santo son casi las últimas a las que les preocupa que éste pueda ser su problema. Como dice Donald English: «El pecado contra el Espíritu Santo se describe como la atribución deliberada y decidida de la obra misericordiosa de Dios a orígenes satánicos. No hay perdón para este acto porque dicha actitud imposibilita la búsqueda del mismo» (*The Message of Mark*, p. 89).

Pregunta 12. Anteriormente en este pasaje vimos que los fariseos tenían una actitud rígida hacia los mandamientos de Dios y hacia otras personas. Evidentemente, se veían a sí mismos como meros esclavos o súbditos de Dios. Esta pregunta nos ayuda a explorar cómo el vernos a nosotros mismos como parte de la familia de Dios puede alejarnos del error de los fariseos.

ESTUDIO 5. MARCOS 4:1-34. PARÁBOLAS DEL REINO.

Nota general. El núcleo de este pasaje está contenido en 4:1-24. Las preguntas para 4:25-34 se encuentran en la sección «Ahora o después».

PROPÓSITO: Comprender mejor la naturaleza del reino de Dios y cómo podemos convertirnos en evangelistas mejores y más creativos.

Pregunta 1. Asegúrate de que el grupo se da cuenta de cuántas veces aparecen las palabras *escuchar, oír* u *oigan.*

Pregunta 2. Jesús no describe sistemáticamente a los oyentes ni como tierra ni como plantas. No te detengas en esto. Solo analiza lo que ocurre con cada combinación.

Pregunta 3. Las parábolas tenían claramente el potencial de ocultar la verdad así como de revelarla, y es probable que Jesús utilizara las parábolas para lograr ambos fines. Pero no es coherente con el carácter de Jesús que su objetivo último fuera ocultar la verdad. El pasaje de Isaías que Jesús cita (Isaías 6:9-10) destaca la responsabilidad de Isaías de seguir proclamando la verdad a pesar de la negativa del pueblo a escucharla. En un contexto más amplio, podemos ver al menos dos formas en que las parábolas servían a los propósitos de Jesús. En primer lugar, eliminaban a la gente que realmente no estaba interesada (más sobre esto en la pregunta 4). En segundo lugar, tenían el potencial de romper la resistencia a la verdad, como la parábola de Natán logró romper las defensas de David sobre su adulterio con Betsabé (2 Samuel 12:1-14). Si Natán se hubiera enfrentado directamente a David, bien podría haber perdido la cabeza. Al contar la parábola, Natán consiguió que David condenara sus propios actos. Anima al grupo a seguir observando cómo Jesús utiliza las parábolas a lo largo del Evangelio.

Preguntas 4-6. A la luz del problema planteado en la pregunta 3, estas preguntas están diseñadas para explorar cómo llega la gente a estar dentro o fuera (véase también 3:34). Independientemente de cómo entendamos el papel de la soberanía de Dios en este proceso, está claro que los individuos tienen la responsabilidad de actuar de acuerdo con lo que oyen. Observa también que las parábolas se explican no sólo a los Doce, sino a «otros a su alrededor», es decir, a otros que eran lo suficientemente curiosos como para quedarse con él y hacerle preguntas.

Pregunta 7. Al decir «a ustedes se les ha concedido conocer el misterio del reino», Jesús puede no querer decir más que está a punto de explicar la parábola a los que le rodean. Sin embargo, hay tres factores que sugieren que el misterio del reino está incrustado dentro de la parábola del sembrador: (1) la afirmación de Jesús según la cual esta parábola desbloquea de algún modo todo lo demás (v. 13), (2) el hecho de que las observaciones de Jesús sobre el misterio se intercalan entre la parábola y su explicación, y (3) la cantidad de atención que se presta a la parábola y a su explicación. De esta interpretación se desprenden dos grandes posibilidades. Primero, el misterio del reino puede ser que Jesús es el agricultor, el que trae el reino sembrando la palabra. En segundo lugar, el misterio del reino puede ser oír la palabra y responder a ella adecuadamente, es decir, oír la palabra, aceptarla y actuar en consecuencia, tal como están haciendo los que piden una explicación. Si el grupo no es capaz de llegar a un consenso, anímalos a seguir reflexionando sobre esto a lo largo de su estudio de Marcos.

Pregunta 10. Asegúrate de que el grupo reflexione sobre el hecho de que el agricultor no sabe en qué tipo de suelo ha esparcido la semilla hasta después de haberla esparcido. Así que esparce la semilla profusamente por todas partes. A menudo, en nuestra evangelización descubriremos que la semilla que sembramos crece en un suelo sorprendente. No estamos llamados a juzgar el suelo antes de sembrar. Lo que una vez pensamos que era un camino endurecido puede mostrarse en una nueva situación como una buena tierra.

ESTUDIO 6. MARCOS 4:35-6:6. MIEDO Y FE.

PROPÓSITO: Explorar la interacción entre los distintos tipos de miedo y fe, y aprender a transformar nuestros miedos en fe de manera más efectiva.

Nota general. Este pasaje es largo, pero si mantienes al grupo en movimiento y centrado en el panorama general, podrás abarcarlo en el tiempo asignado.

Preguntas 2-3. Algunos miembros del grupo pueden sentirse perturbados por lo ocurrido a los cerdos y sacarán el tema a colación al principio del estudio. Si es así, no dudes en pasar primero a las preguntas 4-5 y luego volver a éstas.

Pregunta 6. El objetivo de esta pregunta es hacer reflexionar sobre por qué Jesús se esfuerza a veces por ocultar su identidad y otras veces ordena que se difunda. Una respuesta definitiva requiere examinar todo el Evangelio, por lo que la gente solo debería explorar una solución provisional en este punto. La geografía y a quién se dirige son probablemente factores relevantes. Aquí Jesús está hablando a un gentil en una zona gentil. En instancias anteriores ha silenciado a demonios o a personas en zonas judías. (Esta cuestión enlaza con el tema al que los eruditos se refieren como el secreto mesiánico en Marcos).

Pregunta 8. Una pequeña reflexión debería convencer al grupo de que las preguntas que la gente está haciendo y la ofensa que están tomando son un resultado del miedo.

Pregunta 9. Esta pregunta está pensada para que los miembros del grupo vean que el miedo, al igual que otras emociones humanas, no es algo que podamos encender y apagar como un grifo de agua. Lo que importa es lo que *hacemos* ante el miedo. ¿Nos alejamos de Dios en nuestro miedo o nos volvemos hacia él? Así que el mismo miedo puede ser bueno o malo según cómo respondamos a él.

Ahora o después. Las preguntas formuladas aquí están diseñadas para ayudar al grupo a conectar ideas en torno al Evangelio. El estudio será más enriquecedor y estarán mejor preparados para un análisis sintético si continúan abordando el Evangelio como un todo en lugar de considerarlo como una serie de unidades aisladas.

Asegúrate de que el grupo perciba claramente la amenaza de muerte presente en cada uno de los incidentes.

ESTUDIO 7. MARCOS 6:6-52. ENTENDIENDO LOS PANES.

PROPÓSITO: Comprobar cómo una visión adecuada de Jesús puede ablandar nuestro corazón y contrarrestar los efectos del exceso de actividad.

Pregunta 1. Si es necesario, desmenuza esta pregunta. Si los discípulos no toman provisiones para sí mismos, ¿en quién deben confiar? ¿Qué debían predicar? ¿Qué debían hacer si encontraban resistencia? Sacudirse el polvo de los pies al marcharse habría sido un fuerte gesto simbólico de rechazo: «¡Guárdense su propio polvo!».

Pregunta 3. Herodes muestra síntomas de semilla sembrada tanto entre espinos como en suelo pedregoso. ¿Qué sugiere este desglose de categorías sobre los tipos de respuestas que podemos obtener al compartir las buenas nuevas del reino?

Pregunta 4. Esta es una pregunta difícil, pero significativa. La palabra *arrepentirse* (o *arrepentimiento*) aparece solo tres veces en el Evangelio de Marcos, pero cada vez define o resume un aspecto clave del ministerio de la persona descrita. En 1:4 vemos a Juan el precursor «predicando el bautismo de arrepentimiento». En 1:15 aprendemos que el ministerio de Jesús se caracterizó por llamar a la gente al arrepentimiento. Ahora aprendemos que aquellos a los que Jesús llamó a seguirlo salieron y «exhortaban a la gente a que se arrepintiera». Quizá los lectores se pregunten qué les ocurre a las personas que salen llamando a otros al arrepentimiento. *¿Qué le ocurrió a Juan?* (Aquí está la respuesta.) *¿Qué le ocurrió finalmente a Jesús?* (Los creyentes ya lo sabrán.) *¿Qué pueden esperar entonces sus seguidores?*

Pregunta 7. Herodes, al igual que los fariseos, no logra ser la clase de pastor que Dios desea para su pueblo. Gran parte de la descripción que hace Marcos de la alimentación de los 5000 a cargo de Jesús utiliza un lenguaje similar al de Ezequiel 34:1-16. Así vemos a Jesús cumpliendo la promesa de Dios de venir y ser pastor de su pueblo. Como lectores del Evangelio lo vemos más claramente que los contemporáneos de Jesús, pero ésta era una de las formas en que Jesús estaba revelando su verdadera identidad.

Pregunta 9. Es posible que el grupo tenga problemas para responder. Si es así, pregunta: «¿Qué debería haber revelado sobre Jesús la alimentación de los 5000 a partir de cinco panes?». Si los discípulos hubieran comprendido la verdadera identidad de Jesús, ¿cómo podría haber sido diferente su reacción ante su caminar sobre las aguas? Este pasaje está lleno de alusiones del Antiguo Testamento como la de Ezequiel 34 mencionada en la pregunta 7. Jesús hace una y otra vez lo que solo Dios hizo allí: calmar la tempestad (Salmo 107:23-32), alimentar a la multitud en el desierto (Éxodo 16) y caminar sobre las aguas (Job 9:8-11). Los que tienen ojos para ver deberían empezar a comprender quién es realmente Jesús.

Pregunta 10. Entre los factores contribuyentes podrían haber estado simplemente el cansancio y el hambre combinados con las continuas exigencias (6:30-31). También muestran falta de visión y de confianza (6:36-37). Luego se debe añadir el esfuerzo desgastante de remar contra el viento en plena noche (6:48). No pases por alto que incluso su éxito inicial (6:12-13) puede ser otro factor. Ellos, como nosotros, podrían cansarse y endurecerse incluso haciendo el bien.

ESTUDIO 8. MARCOS 6:53-7:37. VIOLANDO LA TRADICIÓN.

PROPÓSITO: Comprender cómo la tradición puede endurecer nuestros corazones ante la verdad de Dios y cómo la valoración de Jesús de la necesidad humana trasciende la distinción entre judío y gentil.

Pregunta 1. Jesús va sanando y limpiando a los demás mediante su contacto con ellos. Los fariseos se ven a sí mismos convirtiéndose en impuros a través de su contacto con los demás. ¿Qué ocurre en nuestro contacto con el mundo? ¿Lo cambiamos nosotros o nos cambia a nosotros?

Pregunta 2. Aquí se hace referencia a Isaías 29:13. Isaías «denunció rotundamente a los líderes religiosos de su época… y Jesús utiliza una cita de este profeta para describir la tradición de los líderes como "reglas enseñadas por hombres"» (v. 7) (*NVI Study Bible* [Grand Rapids, Mich.: Zondervan, 1995], p. 1504).

Pregunta 3. Por supuesto, siempre es más fácil señalar con el dedo a la tradición ajena que a la propia. («Esos fanáticos insisten en la música de órgano y los himnos antiguos, que solo ahuyentan a los interesados. ¿Cómo puede eso honrar a Dios?». «Esta generación más joven trae una banda a la iglesia e imita a MTV. ¿Cómo puede eso honrar a Dios?») Intenta que los miembros del grupo identifiquen las tradiciones con las que realmente se sienten cómodos y que no siempre honran a Dios. Ayúdalos a ver que su actitud hacia la tradición y hacia aquellos que no la encuentran útil puede ser lo que determina si honra a Dios y cómo lo hace.

Pregunta 6. Puedes explicarles que muchas de las tradiciones de los líderes eran adornos de la ley ceremonial del Antiguo Testamento. Así, la observancia de la ley y las tradiciones servían para distinguir a los judíos de los gentiles.

Si, tras un tiempo de reflexión, el grupo sigue debatiendo esta cuestión, pregunta: «¿Qué aspecto de nuestra relación con Dios enfatiza la ley ceremonial y las tradiciones, el externo o el interno? ¿Qué aspecto enfatiza la norma de Jesús? Judíos y gentiles difieren obviamente en las cuestiones externas, pero ¿difieren en las cuestiones internas?»

Preguntas 7-8. Si el grupo tiene problemas con la pregunta 7, asegúrate de que identifiquen quiénes son los niños (los judíos), quiénes son los perros (los gentiles) y qué es el pan (la enseñanza y presencia sanadora de Jesús). Entonces la parábola debería estar clara.

A mucha gente le ofende que Jesús se refiera a los gentiles como perros, un término que podría considerarse muy ofensivo si pensamos en los carroñeros salvajes típicos de la época. Pero Jesús utiliza el diminutivo «perrillos», que indica mascotas mantenidas en algún hogar de la época, y William L. Lane argumenta que lo que debemos ver es una escena doméstica: «La mesa está puesta y la familia se ha reunido. Es inapropiado interrumpir la comida y permitir que los perros de la casa se lleven el pan de los niños» (*Commentary on the Gospel of Mark* [Grand Rapids, Mich.: Eerdmans, 1974], p. 262). Así pues, el comentario de Jesús no pretende ser un insulto étnico. Por otra parte, Jesús puede utilizar el sentimiento de sus compatriotas, que en ocasiones se referían a los gentiles como perros, para derribar su racismo. No permitas que el grupo pase por alto el hecho de que esta mujer es la única persona que responde a una de las parábolas de Jesús con una parábola.

ESTUDIO 9. MARCOS 8:1-9:1. ¿QUIÉN DICEN QUE SOY?

PROPÓSITO: Que cada miembro del grupo se enfrente personalmente a la cuestión de quién es Jesús y qué diferencia debe marcar en nuestras vidas.

Pregunta 3. Observa primero en las palabras y frases que subrayan su necesidad: *no tenían qué comer, tres días, se desplomarán, vienen de muy lejos, lugar remoto,* etc. Luego observa las palabras que subrayan lo adecuado de la provisión: *comieron y quedaron satisfechos, sobraron siete cestas llenas, cuatro mil hombres estaban presentes.*

Pregunta 4. ¿Qué pruebas han mostrado los fariseos de que reconocerían una señal si se les diera?

Pregunta 5. Si el grupo tiene problemas para responder a esto, pregunta por qué condenó Jesús a los fariseos en Marcos 7 y cuál era el problema básico de Herodes en Marcos 6.

Pregunta 7. El propósito de esta pregunta es sólo conseguir que el grupo se dé cuenta de que la sanidad se produjo en dos etapas. El significado de esta observación se explora en la pregunta 11.

Pregunta 8. El grupo puede preguntarse por qué la gente diría que Jesús era Elías. Como vimos en el estudio uno, Malaquías había profetizado que Elías vendría antes del día del Señor (Malaquías 4:5). En consecuencia, los judíos de la época de Jesús esperaban que un profeta como Elías viniera antes que el Mesías.

Pregunta 9. La visión de Pedro sobre el Cristo (o el Mesías) era probablemente la de sus compatriotas judíos, que esperaban un líder político, alguien que los liberara del dominio romano y les devolviera su orgullo nacional. Tal visión no dejaba lugar para el sufrimiento y la muerte.

Pregunta 11. Estamos tan acostumbrados a ver la confesión de Pedro como una clara toma de conciencia de quién es Jesús que a menudo no vemos que solo gradualmente aprendió todo lo que significaba. La comprensión de Pedro necesitaba también un segundo toque.

Ahora o después. Si el grupo dedica una sesión entera al repaso, es importante que cada miembro se prepare individualmente para la discusión.

REPASO DE MARCOS 1-8.

PROPÓSITO: Resumir y explorar las implicaciones de lo que el grupo ha descubierto hasta ahora sobre el evangelio y el reino.

Pregunta 1. Asegúrate de que el grupo comprende el enfoque del reino del evangelio tal y como lo proclamó Jesús.

Pregunta 4. Si el grupo parece perplejo, puedes insistir de la siguiente manera: ¿De qué manera ver a Jesús como rey y llamar a la gente a la lealtad a él y a su reino contrarrestaría una actitud de «acepta a Jesús en tu corazón y haz lo que quieras»?

Pregunta 7. Si el grupo tiene problemas para responder, puedes explicar que la mayoría de los judíos buscaban un Mesías político, alguien que les guiara para derrocar a los romanos. ¿Qué habría pasado si Jesús hubiera ido por ahí anunciándose como el Mesías o Cristo? Entonces, también, aparte de una historia de sus actos, ¿qué habría pasado si hubiera ido por ahí anunciando que era Dios?

Para grupos avanzados, tal vez desees profundizar en el uso que Jesús hace de la frase «Hijo del Hombre». Jesús ha utilizado la frase «el Hijo del Hombre» cuatro veces hasta ahora (2:10, 28; 8:31, 38). En retrospectiva, es bastante fácil ver que Jesús estaba hablando de sí mismo y aludiendo a su papel como Mesías. Sin embargo, es probable que los oyentes de Jesús no lo hubieran escuchado de ese modo. Para ellos, la frase «Hijo del Hombre» probablemente habría sonado como otra forma de decir *hombre* (como en Salmo 8:4, donde significa precisamente eso). Por lo tanto, 2:28 podría haber sonado así: «El Sabbat fue hecho para el hombre, no el hombre para el Sabbat. Así que el hombre es Señor incluso del Sabbat». Solo poco a poco se habría dado cuenta la gente de que Jesús estaba hablando de sí mismo. ¿Por qué podría haber hablado Jesús de sí mismo de esta manera tan indirecta? ¿Qué datos concretos ha revelado hasta ahora Jesús sobre sí mismo de esta manera? ¿Cómo podría esto relacionarse con la cuestión de por qué Jesús intenta silenciar a algunas personas que sana y anima a otras a contar lo que ha hecho?

PARTE 2: ¿POR QUÉ VINO JESÚS? MARCOS 9-16

ESTUDIO 10. MARCOS 9:2-32. SUFRIMIENTO Y GLORIA.

PROPÓSITO: Examinar la relación entre el sufrimiento y la gloria, la debilidad humana y el poder divino.

Pregunta 1. Moisés y Elías son representativos de la ley y los profetas. ¿En qué lugar coloca esto a Jesús? Las profecías de Deuteronomio 18:14-22 y Malaquías 4:5 revelan un significado aún mayor de su presencia.

Pregunta 2. Se presentan al menos cinco acontecimientos como posibles cumplimientos de la predicción de Jesús: la transfiguración, la resurrección, la ascensión, el día de Pentecostés y la segunda venida. De estos, la segunda venida es el único evento que no ocurre dentro del plazo que menciona Jesús. Los demás acontecimientos anticipan la gloria plena de la segunda venida, ofreciendo vislumbres del poder que se revelará en ese momento. La revisión de Marcos 9–16 en la sección «Ahora o después» del estudio veinte invitará al grupo a considerar otro posible cumplimiento de esta profecía.

Pregunta 3. Asegúrate de que el grupo entiende que escuchar implica obediencia. Cuando tu madre preguntaba: «¿Me has escuchado?», no hacía la pregunta sobre tu capacidad auditiva sino sobre tu obediencia.

Si el tiempo lo permite, podrías prologar esta pregunta diciendo: En este relato se oye la voz de Dios por segunda vez en el Evangelio de Marcos, la primera fue en 1:11. ¿Qué propósitos cumple aquí la afirmación de Dios?

Pregunta 4. Si el grupo tiene dificultades para responder a esta pregunta, recuérdales cómo vimos en el estudio uno que Juan el Bautista estaba cumpliendo el papel de Elías tal y como se predijo en Malaquías. A continuación, analiza lo que le sucedió a Juan en Marcos 6:14-29. William Lane comenta: «Es necesario suponer que la frase "tal como está escrito de él" hace referencia al profeta Elías en el marco de su ministerio histórico [por ejemplo, véase 1 Reyes 19:2, 10]. Ningún pasaje de la Escritura asocia el sufrimiento con el ministerio escatológico de Elías» (*Commentary on the Gospel of Mark*, p. 326, nota 35).

Pregunta 6. William Lane comenta sobre las palabras de Jesús «Oh generación incrédula»: «El conmovedor grito de exasperación de Jesús es una expresión de cansancio cercana al quebranto del corazón. Esto se pone de relieve cuando se entiende que su exclamación es una palabra personal dirigida a los discípulos, los únicos que habían fallado en el momento crucial. Aunque habían tenido el privilegio de estar con Jesús y poseían el carisma de la sanidad, habían sido derrotados por la incredulidad cuando se pusieron en su lugar y trataron de ejercer su poder» (*Commentary on the Gospel of Mark*, p. 332).

Pregunta 11. Observa especialmente que el joven pareció sufrir hasta el punto de morir antes de ser sanado.

ESTUDIO 11. MARCOS 9:33-50. EL PRIMERO Y EL ÚLTIMO.

PROPÓSITO: Explorar las formas en que el autojuicio y una actitud de servicio pueden promover la unidad cristiana.

Pregunta 2. Si el grupo parece tener dificultades con esta pregunta, pregúntales de qué segmentos de la sociedad procedían los seguidores de Jesús y de qué segmentos de la sociedad procedían sus oponentes. Asegúrate de que el grupo ve a Jesús como el ejemplo supremo del servidor destinado a ser el más grande de todos.

Pregunta 8. Es posible que el grupo tenga problemas para responder. Si es así, puedes preguntar: «¿Cortar una mano o un pie nos impediría realmente pecar? Si no, ¿qué lo haría?» A veces «espiritualizamos» las palabras de Jesús para hacérnoslas más fáciles, pero espiritualizar aquí no suaviza el significado. El punto es que bien valdría la pena arrancarse un ojo o cortarse un pie si eso nos impidiera pecar. Pero el efecto solo sería producir pecadores ciegos y cojos. La raíz de nuestro problema se encuentra más profundamente, y debemos afrontarlo ahí.

Pregunta 9. El fuego en los versículos anteriores está claramente vinculado con el juicio o la prueba. La sal es una imagen común para la purificación. ¿Cómo se purifica entonces a los cristianos mediante el juicio o la prueba?

Pregunta 10. Si el grupo tiene problemas para responder a la primera parte de la pregunta, llévalos a la segunda parte preguntando: «Jesús parece vincular el tener sal en uno mismo con estar en paz con los demás. ¿Esto arroja alguna luz sobre lo que podría significar tener sal en uno mismo?». El grupo debería entender que juzgarnos a nosotros mismos y no a los demás contribuye a la paz y a la unidad.

Pregunta 12. Jesús ofrece algunas limitaciones en los versículos 40-50. Por ejemplo, nos opondríamos con razón a los que están realmente en nuestra contra o a los que harían pecar a los pequeños que creen en él. William Lane sostiene que «pequeños» no se refiere aquí a niños, sino a compañeros creyentes (*Commentary on the Gospel of Mark*, pp. 345-46).

ESTUDIO 12. MARCOS 10:1-31. NUEVAS RELACIONES.

PROPÓSITO: Explorar algunas de las implicaciones morales y sociales del evangelio.

Nota general. Este estudio tiene más preguntas que otros, pero muchas de ellas no requieren mucho tiempo para responderlas. Tómate tu tiempo y aun así podrás terminar el estudio de manera puntual.

Pregunta 3. Es posible que el grupo tenga algunos sentimientos fuertes sobre este tema. Intenta ayudarlos a que se escuchen unos a otros y a que apoyen sus conclusiones en el pasaje. Una posible alternativa a la opinión de que Jesús pretendía una prohibición absoluta del divorcio es que solo pretendía afirmar el ideal de Dios para el matrimonio, un ideal que reconocía que los seres humanos caídos no siempre cumplirían. Así pues, habló en términos exagerados con la intención de desalentar todo divorcio en principio, pero no de prohibir el divorcio en toda circunstancia. Aunque en el relato de Marcos no se incluyen excepciones, Mateo relata una versión ligeramente diferente de las palabras de Jesús, que no está formulada en términos absolutos (Mateo 19:9). Es posible que el grupo desee explorar el significado de esta diferencia, pero ten cuidado de no dedicar demasiado tiempo a esta cuestión.

Pregunta 4. «Según la ley rabínica, un hombre podía cometer adulterio contra otro hombre casado seduciendo a su mujer (Deuteronomio 22:13-29) y una mujer podía cometer adulterio contra su marido por infidelidad, pero no podía decirse que un marido cometiera adulterio contra su mujer. Esta aguda intensificación del concepto de adulterio tuvo el efecto de elevar el estatus de la esposa a la misma dignidad que su marido y colocó al marido bajo una obligación de fidelidad» (Lane, *Commentary on the Gospel of Mark*, p. 357). Lane también señala que la ley judía no reconocía el derecho de una mujer a divorciarse de su marido, aunque la ley romana sí lo hacía (p. 358).

Pregunta 6. El hombre busca una respuesta en términos de *obras* merecedoras de la vida eterna. En última instancia, Jesús le da una respuesta que se basa en la *relación*: «Ven y sígueme». Sin embargo, esa relación no está desprovista de implicaciones sociales.

Pregunta 7. Por supuesto, la ilustración de Jesús apunta al hecho de que no solo es difícil sino imposible que los ricos se salven por sí solos. Dios debe obrar. Este pasaje pone de relieve una paradoja del evangelio: que no contribuimos en nada a nuestra salvación, pero debemos darlo todo para ser discípulos de Jesús. El grupo puede luchar con las implicaciones del mandato de Jesús al hombre rico de «anda, vende todo lo que tienes y dáselo a los pobres». Probablemente deban evitarse dos extremos: (1) asumir que este mandamiento es universal y se aplica a todos los aspirantes a discípulos y (2) asumir que el problema es puramente de actitud y que los aspirantes a discípulos que aman al Señor más que a sus riquezas pueden conservarlas. No dejes que el grupo se salga con la suya en esta cuestión.

Pregunta 9. Los fariseos se acercan a Jesús no con franqueza y receptividad, sino con astucia y deseos de tenderle una trampa. El joven rico hace una pregunta sincera, pero es calculador y no está dispuesto a entregarse de todo corazón en la fe a Jesús. ¿Qué tipo de comportamiento poco infantil estás más tentado a adoptar?

ESTUDIO 13. MARCOS 10:32-52. CEGUERA Y VISTA.

PROPÓSITO: Destacar el papel de siervo en el discipulado cristiano.

Pregunta 5. El Antiguo Testamento habla con frecuencia de la copa de la ira de Dios (véase, p. ej., Salmo 75:8 e Isaías 51:17-23). Lane señala que «en el uso popular griego el vocabulario del bautismo se utilizaba para hablar de ser sobrepasado por un desastre o un peligro» (*Commentary on the Gospel of Mark*, p. 380).

Pregunta 6. Este tema también se observa en 9:35 y 10:31.

Pregunta 7. Anima a los miembros del grupo a pensar en toda la gama de sus relaciones. ¿Tienen un amigo, un cónyuge, un vecino con el que podrían ser más serviciales? ¿Hay alguna necesidad en su comunidad o algún proyecto de su iglesia que podría necesitar su ayuda?

Pregunta 8. No pases por alto lo que Bartimeo es capaz de «ver» en Jesús a pesar de ser ciego. El nombre *Bartimeo* significa en arameo «hijo de honor».

Pregunta 11. La historia de Bartimeo, «hijo de honor», no solo muestra la compasión y la autoridad de Jesús para sanar, sino que tiene una fuerte fuerza simbólica dentro de la narración de Marcos. Observa primero la forma de dirigirse de Bartimeo —«hijo de David»—, que tiene fuertes connotaciones mesiánicas. Estas connotaciones mesiánicas son aún más significativas cuando vemos a Jesús abriendo los ojos de Bartimeo (véase Isaías 35:5) y su inminente entrada en Jerusalén. Bartimeo no solo reconoce la capacidad de Jesús para sanar, sino que también está dispuesto a someterse a la autoridad de Jesús —el *Rabí* de la NVI es en realidad la forma aumentada *Rabboni* («mi maestro», «mi señor»). Entonces, dada la opción de irse —su propio camino, presumiblemente—, Bartimeo elige seguir a Jesús «por el camino». Este, por supuesto, es el camino a Jerusalén y al sufrimiento y muerte de Jesús. El significado de su elección es aún mayor cuando nos damos cuenta de que «el camino» —la misma palabra griega se utiliza aquí y en Hechos 19:9— se convierte más tarde en un término común para la fe cristiana.

ESTUDIO 14. MARCOS 11:1-25. DOMINGO DE RAMOS.

PROPÓSITO: Comprender mejor la ira justa y cómo es necesario un espíritu de perdón cuando se ora por el juicio de Dios.

Pregunta 2. Jesús está cumpliendo la profecía de Zacarías sobre la entrada del Mesías en Jerusalén (Zacarías 9:9-10). Sorprendentemente, al menos para la mayoría de los judíos de la época de Jesús, éste llega como un hombre de paz, montado en un asno y no en un caballo de guerra. Asegúrate de que el grupo analice tanto lo que hizo la gente como lo que dijo.

A pesar de que es evidente que Jesús entraba en Jerusalén como el Mesías, es probable que la gente que lo observaba no lo reconociera así. Sin duda veían a Jesús como una persona importante, pero podría ser que lo vieran solo como un maestro importante en una misión especial en Jerusalén. Su clamor, aunque cargado de significado mesiánico, eran extractos del Salmo 118 y otras canciones que se cantaban regularmente de camino a Jerusalén cada primavera y otoño para las fiestas mayores. Para más detalles, véase a Lane, *Commentary on the Gospel of Mark*, pp. 393-94, 396-97.

Pregunta 3. Para el contexto de los comentarios de Jesús del Antiguo Testamento, véase Isaías 56:4-8 y Jeremías 7:1-11.

Preguntas 5-6. Las higueras y las vides se utilizan a menudo como símbolos de la fidelidad de Israel a Dios. Dios viene a su viña buscando uvas e higos, es decir, rectitud, justicia y misericordia. Así, buscar frutos en la higuera representa lo que Jesús busca en el templo. Véase, por ejemplo, Jeremías 8:13; 29:17; Oseas 9:10-16; Joel 1:7; Miqueas 7:1-6.

Es probable que al grupo le cueste entender por qué Jesús maldice la higuera cuando «no era tiempo de higos». Probablemente sea más útil ver esto como una parábola actuada del juicio al que se enfrenta el templo. Para los que están siendo juzgados, el juicio rara vez llega cuando se espera.

Pregunta 9. Mientras pronunciaba estas palabras, el Monte de los Olivos habría estado a la vista. Zacarías profetizó que el Señor volvería un día al Monte de los Olivos para juzgar a sus enemigos y establecer su reino (14:1-11). Cuando sus pies toquen el Monte, éste se apartará de su camino. Observa que esta interpretación de la oración para mover montañas es coherente con el tema del juicio que se encuentra en los incidentes del templo y con la higuera.

ESTUDIO 15. MARCOS 11:27-12:27. PREGUNTAS TENTADORAS.

PROPÓSITO: Comprender mejor el papel de responder y hacer preguntas en el discipulado cristiano.

Discusión en grupo. Si todos los miembros de tu grupo son cristianos, podrías preguntar: «¿Cuáles son algunas de tus preguntas trampa favoritas (o menos favoritas) de los no creyentes sobre la fe? ¿Cómo has respondido a esas preguntas?».

Pregunta 2. Los jefes de los sacerdotes, los maestros de la ley y los ancianos están tendiendo una trampa a Jesús. Si responde «del cielo» o «de Dios», lo acusarán de blasfemia. Si responde «de los hombres», entonces afirmarán que no tiene derecho a hacer lo que está haciendo.

Pregunta 5. La parábola de los labradores es rica en significado, especialmente a la luz de su alusión al Canto de la viña de Isaías (Isaías 5:1-7).

Pregunta 6. La Escritura que Jesús citó fue el Salmo 118:22-23. Se «refiere a uno de los bloques de construcción recogidos en el lugar del Templo de Salomón que fue rechazado en la construcción del Santuario pero que resultó ser la piedra angular del pórtico» (Lane, *Commentary on the Gospel of Mark*, p. 420). Es probable que las distinciones modernas entre piedras angulares, piedras principales y piedras de remate (cobertera) confundan la cuestión aquí. La «piedra principal» de la Palabra de Dios para Todos es probablemente la traducción menos satisfactoria del griego, ya que a menudo connota una piedra de remate sin significado estructural. El texto hace referencia tanto a una piedra principal como a una piedra angular, cualquiera de las cuales está vitalmente vinculada a la solidez estructural de un edificio o arco.

Pregunta 8. El denario romano que le trajeron a Jesús probablemente llevaba la inscripción «Tiberio César Augusto, Hijo del Divino Augusto». Lane explica que la primera parte de la respuesta de Jesús demuestra que Jesús creía que la autoridad civil tiene un lugar legítimo en la sociedad y que se oponía a un Estado teocrático, es decir, a una nación dirigida por autoridades religiosas. La segunda parte de la respuesta de Jesús, sin embargo, muestra que se oponía a la afirmación idolátrica en las monedas de que el César era Dios (véase *Commentary on the Gospel of Mark*, p. 424).

Pregunta 10. La respuesta de Jesús a los saduceos en el versículo 26 no es tan débil como podría parecer a los oídos modernos. La fórmula «el Dios de Abraham, el Dios de Isaac y el Dios de Jacob» es un recordatorio de la fidelidad del pacto de Dios. Lane resume: «Es inconcebible que Dios proporcionara a los patriarcas algunas muestras parciales de liberación y dejara la palabra final a la muerte, de la que todas las desgracias y sufrimientos de la existencia humana son solo un anticipo. Si la muerte de los patriarcas es la última palabra de su historia, se ha producido un incumplimiento de las promesas de Dios garantizadas por el pacto, y de las que la fórmula "el Dios de Abraham, de Isaac y de Jacob" es el símbolo» (*Commentary on the Gospel of Mark*, p. 430).

ESTUDIO 16. MARCOS 12:28-44. UN FIN A LAS PREGUNTAS.

PROPÓSITO: Subrayar la relación entre el amor a Dios y el amor al prójimo y profundizar en quién es Jesús.

Pregunta 1. Según *The NIV Study Bible* (Biblia de estudio NVI), «los rabinos judíos contaron 613 estatutos individuales en la ley, e intentaron diferenciar entre mandamientos "pesados" (o "grandes") y "ligeros" (o "pequeños")» (p. 1516).

Pregunta 3. El maestro está reuniendo ideas de 1 Samuel 15:22, Proverbios 21:3 y Oseas 6:6. Los holocaustos y sacrificios contemporáneos incluyen diversos deberes y actividades religiosas, como cantar en el coro, enseñar en la escuela dominical o servir en los comités de la iglesia. Todas estas cosas son buenas y útiles por derecho propio. Pero si se interponen en nuestro camino de amar a Dios y a nuestro prójimo en lugar de ser los medios para hacerlo, necesitamos reevaluar nuestra participación. ¿Qué otras actividades se te ocurren que sean holocaustos y sacrificios actuales?

Pregunta 6. En 11:27-33 Jesús silencia a sus oponentes con su propia pregunta y se niega a responder a las de ellos. En 12:1-12 cuenta una parábola que sirve de espejo a los que se oponen a su actividad y enseñanza. En 12:13-17 ve a través de la hipocresía de sus oponentes y aun así consigue responderles, pero fuera de los parámetros que ellos esperaban. En Marcos 12:18-27, Jesús señala a sus interrogadores las Escrituras, demostrándoles que no comprenden ni el poder de Dios ni lo que está escrito en ellas. En 12:28-34 encuentra a un interrogador genuino y lo elogia por su perspicacia. ¿Cómo podemos aprender a ver detrás de las preguntas de la gente y responderlas sabiamente?

Pregunta 7. Jesús está citando las palabras de David del Salmo 110:1. Asegúrate de que el grupo entiende claramente que solo un Cristo que es a la vez plenamente humano y plenamente divino puede ser a la vez señor y descendiente.

Pregunta 8. No basta con llamar a Jesús «Señor». Tenemos que aprender a obedecerlo. Tal como lo narra Lucas, Jesús nos pregunta a cada uno de nosotros: «¿Por qué me llaman ustedes "Señor, Señor", y no hacen lo que les digo?». (Lucas 6:46). La vida cristiana es un viaje diario para aprender a moldear nuestras vidas al señorío de Jesús.

Ahora o después. En el estudio uno aprendimos que Marcos interpretó la venida de Juan el Bautista y de Jesús a la luz de Malaquías 3:1. Esta pregunta nos muestra de nuevo la preocupación de Marcos por ver a Jesús como el cumplimiento de la profecía.

ESTUDIO 17. MARCOS 13. VIGILAR.

PROPÓSITO: Comprender mejor las predicciones de Jesús sobre la caída de Jerusalén y su regreso, y explorar lo que significa estar alerta para su regreso.

Preguntas 1-2. Asegúrate de que el grupo se de cuenta que los discípulos preguntan sobre la destrucción del templo. La respuesta de Jesús es más amplia que la pregunta; amplía la discusión para incluir el final (las últimas cosas).

Pregunta 3. En Hechos 5:35-37 Gamaliel menciona a dos falsos mesías: Teudas y Judas el Galileo. La Palestina del primer siglo vio una variedad de movimientos mesiánicos, dos de los cuales participaron en revueltas judías contra los romanos en 66-70 d.C. y de nuevo en 132-135 d.C. La primera de estas revueltas condujo a la destrucción de Jerusalén, que Jesús predice aquí. Dado que Jesús ha prometido que un día regresará él mismo, advierte a sus discípulos que no se dejen engañar por falsas afirmaciones. Sobre estos y otros movimientos revolucionarios, véase W. J. Heard, «Revolutionary Movements», en *Dictionary of Jesus and the Gospels*, ed., Joel B. Green, Scot McKnight e I. Howard Marshall (Downers Grove, Ill.: InterVarsity Press, 1992), pp. 688-98.

Pregunta 5. Dado que la cuestión aquí es complicada y que muchas personas tienen puntos de vista definidos, esta pregunta está diseñada para ayudar al grupo a apreciar la fuerza de los diferentes puntos de vista. No es necesario llegar a un consenso sobre esta cuestión; las preguntas 8-11 llegan a la cuestión crucial.

Incluso la opinión de los expertos está dividida sobre estas cuestiones. Lane señala que Lucas, sin mencionar «la abominación desoladora», apunta claramente a los acontecimientos del año 70 d.C. con los ejércitos rodeando Jerusalén. Josefo atribuye la destrucción del templo a los abusos de los zelotes que se mantuvieron allí desde el otoño hasta la primavera del 67-68 d.C. Los acusa de todo tipo de crímenes y de deambular por el Lugar Santísimo, incluso de cometer asesinatos allí. Ve la culminación de estos abusos («la abominación que causa destrucción») en investir como sumo sacerdote a un sacerdote de clase baja llamado Fanni. Es posible que muchos de los primeros cristianos simpatizaran con el sentimiento de Josefo. (Véase Lane, *Commentary on the Gospel of Mark*, p. 469, así como toda la discusión en las pp. 465-73).

F. F. Bruce sostiene que Josefo caricaturiza a los zelotes y que su testimonio no es de fiar. Él ve el cumplimiento de la «abominación que causa destrucción» en los sacrificios romanos ofrecidos en el atrio del templo en su destrucción. (Véase F. F. Bruce, *New Testament History* [Garden City, N.Y.: Doubleday, 1969], pp. 257, 383.)

Lane y Bruce difieren en los detalles aunque están de acuerdo en que «la abominación que causa destrucción» ya apareció en el templo durante los acontecimientos que culminaron con la destrucción del templo en el año 70 d.C. Un cumplimiento aún por venir puede ser paralelo a los acontecimientos descritos en 2 Tesalonicenses 2:3-4 cuando el «hombre de maldad... [vaya a] adueñarse del templo de Dios y pretender ser Dios» o cuando realice algún acto de profanación (véase Robert L. Thomas, «1, 2 Thessalonians», en *The Expositor's Bible Commentary*, ed. Frank E. Gaebelein [Grand Rapids, Mich.: Zondervan, 1978], 11:322).

Pregunta 7. Esta pregunta está destinada a poner de manifiesto el carácter cósmico de las angustias de los versículos 24-27 en contraste con el carácter local de las angustias de los versículos 5-23. Se trata de una prueba que puede sugerir una diferencia temporal entre la destrucción de Jerusalén y el regreso de Cristo. Una forma de ver la estructura de Marcos 13 es la siguiente: (1) 13:1-23: descripción de los signos locales asociados con «estas cosas», la destrucción del templo; (2) 13:24-27: descripción de los signos cósmicos asociados con «aquellos días», el regreso de Cristo; (3) 13:28-31: la certeza de que el templo será destruido dentro de una generación; (4) 13:32-36: la incertidumbre de cuándo regresará Cristo.

Preguntas 9-11. Independientemente de cómo resolvamos la cuestión de las señales y el tiempo, Jesús nos insta sobre todo a estar preparados. Este es un punto en el que el grupo debería estar claramente de acuerdo.

ESTUDIO 18. MARCOS 14:1-42. EL TRAIDOR SE APROXIMA.

PROPÓSITO: Empatizar con Jesús en sus últimas horas antes de la crucifixión y explorar una serie de cuestiones relacionadas con el discipulado: las prioridades, la Cena del Señor, la necesidad de la muerte de Jesús y el fracaso humano.

Pregunta 3. Asegúrate de explorar la legitimidad de algunas de las objeciones, especialmente a la luz de las propias enseñanzas de Jesús. Véase, por ejemplo, Marcos 6:8-9 y 10:21.

Pregunta 4. La cuestión es si alguna vez es correcto gastar dinero en vidrieras, órganos de tubos, bancos acolchados y moquetas para nuestros lugares de culto mientras algunas personas en el mundo pasan hambre. Es poco probable que el grupo llegue a un consenso en poco tiempo. La pregunta tiene como objetivo plantear el tema y estimular la reflexión. No es necesario dedicarle demasiado tiempo.

Pregunta 6. Desde la Reforma, el significado de las palabras de Jesús «esto es mi cuerpo» y «esto es mi sangre del pacto» ha dividido no solo a los católicos de los protestantes, sino también a varias tradiciones protestantes entre sí. El punto de vista católico, conocido como *transubstanciación*, sostiene que los elementos del pan y el vino se transforman en el cuerpo y la sangre reales de Cristo, y que solo permanece la *apariencia* del pan y el vino. Entre los reformadores, Zwinglio adoptó la postura más extrema en sentido contrario, sosteniendo que el pan y el vino son meros símbolos y que la celebración de la Cena del Señor es un memorial de la muerte de Jesús. La mayoría de los bautistas actuales han seguido el ejemplo de Zwinglio. La postura de Lutero se conoce a veces como *consubstanciación*. Sostenía que el cuerpo y la sangre de Cristo están presentes junto con el pan y el vino del sacramento. Calvino y otros reformadores, seguidos por la mayoría de los presbiterianos y anglicanos actuales, sostenían que Cristo está realmente presente en el sacramento pero que solo está disponible para los creyentes a través de la fe.

Pregunta 9. Observa que Jesús vuelve a dar aquí un ejemplo de lo que pide a sus discípulos. El espíritu del versículo 38 puede ser el Espíritu Santo. Si es así, las palabras de Jesús aquí son un recordatorio a los discípulos de los recursos que tienen a su disposición cuando se enfrentan a su propia debilidad.

ESTUDIO 19. MARCOS 14:43-72. ¡TRAICIONADO!

PROPÓSITO: Explorar la variedad de motivos involucrados en la traición y el abandono de Jesús, y extraer advertencias y ánimos para los momentos de nuestra propia prueba como discípulos.

Pregunta 2. Si la gente tiene dudas sobre el versículo 47, Juan 8:10-11 nos dice que fue Pedro quien golpeó al siervo.

Pregunta 3. Al intentar salvarse, el joven pierde lo poco que tiene. Algunos han pensado que este joven era el propio Marcos, incluido anónimamente en este relato de la traición de Jesús.

Pregunta 5. Al identificarse como el Cristo, Jesús pasa a vincularse con «el Hijo del Hombre» descrito en Daniel 7:13-14. Esta es la primera vez que su uso público del título «Hijo del Hombre» habría tenido claras connotaciones mesiánicas.

En algún momento por su cuenta, los grupos avanzados tal vez deseen repasar el uso que Jesús hace del término «Hijo del Hombre» a lo largo de todo el Evangelio. Para el uso del término en Marcos 1–8, véase la nota sobre la pregunta 7 del estudio de repaso de la sección «Ahora o después» del estudio nueve. ¿Qué otras percepciones de las preguntas planteadas allí se ven a través del uso de «Hijo del Hombre» en la última mitad de Marcos (9:9, 12, 31; 10:33; 13:26; 14:21, 41)?

Pregunta 6. La cuestión aquí es que, si Jesús no era Dios, era claramente culpable de blasfemia.

ESTUDIO 20. MARCOS 15-16. LA VICTORIA ARREBATADA DE LA DERROTA.

PROPÓSITO: Comprender mejor el significado de la muerte de Jesús para fortalecer nuestro compromiso de compartir el evangelio con los demás.

Preguntas 2-4. Las preguntas 2-3 pueden ser contestadas por el grupo al responder a la pregunta 1. Si es así, podrías reformular la pregunta 4 de la siguiente manera: «¿Cómo podemos evitar sucumbir a la tentación de Pilato de querer hacer lo correcto, pero no hacerlo?».

Pregunta 6. Si el grupo tiene dificultades para ver la relevancia de 10:38 y 14:36, pregunta: «Si Jesús hubiera sido drogado, ¿cómo habría impedido su plena participación en la copa de sufrimiento que asumió voluntariamente?»

Pregunta 7. Observa especialmente «salvó a otros... ¡pero no puede salvarse a sí mismo!». Asegúrate de que el grupo entienda que, precisamente porque no se salvó a sí mismo, es capaz de salvar a los demás. Hay varias ironías más en el pasaje. Dedica tiempo a responder plenamente a esta pregunta clave.

En el versículo 34, Jesús cita el primer versículo del Salmo 22. Si el grupo tiene tiempo, puede ser muy instructivo leer todo el salmo buscando todo lo que señala en la experiencia de Jesús en la cruz.

Pregunta 8. Aunque la confesión del centurión puede no haber sido un pleno testimonio de fe en su totalidad, no está diciendo que Jesús era simplemente «un hijo de Dios» como sugieren algunas traducciones. No hay artículo en el griego porque el sustantivo predicado va primero como en Juan 1:1 («el Verbo era Dios»). (Véase Lane, *Commentary on the Gospel of Mark*, p. 571 nota 69.)

Pregunta 12. Aquí se plantean dos cuestiones. En primer lugar, ¿por qué el evangelio parece llegar a un final tan inconcluso? Se puede ayudar al grupo a pensar por qué esto podría ser apropiado reconsiderando cómo abre Marcos su Evangelio (1:1). La segunda cuestión se refiere a terminar el Evangelio con una nota de temor. Pero, como hemos visto, especialmente en el estudio seis, no todo el miedo es malo. De hecho, esta última frase del Evangelio podría traducirse igual de bien, si no mejor: «No decían nada a nadie, porque estaban llenos de temor». Hay varios casos en el Evangelio de Marcos de personas que responden con miedo o sobrecogimiento a nuevas revelaciones significativas (véase 4:41; 5:15, 33, 36; 6:50; 9:6, 32). Así pues, el Evangelio termina con una nota de sobrecogimiento y asombro ante lo que Dios ha hecho.

Ahora o después. Si dedicas a este repaso toda una sesión, no dejes de animar al grupo a que se prepare con antelación.

REPASO DE MARCOS 9-16

PROPÓSITO: Resumir y explorar las implicaciones de la última mitad del Evangelio de Marcos.

Nota general. No omitas este repaso, especialmente si deseas aprovechar al máximo el estudio de Marcos. El esfuerzo de mirar hacia atrás y recapitular ciertos temas vale la pena por la recompensa que ofrece.

Pregunta 5. Si el grupo no considera la cruz como una muestra clave de la gloria, puedes preguntar en qué momentos se declara y reconoce la identidad de Jesús como Hijo de Dios (véase 1:1, 11; 9:7; 14:61-62 y 15:39).

Pregunta 6. Al responder a esta pregunta, como al responder a la pregunta 5, es clave ver que el centurión ve la gloria de Jesús (su identidad) en la cruz (15:39).